管理栄養士の体にいいラクおかず184

野菜がおいしすぎる作りおき

中井エリカ

エムディエヌコーポレーション

はじめに

はじめまして！　管理栄養士の中井エリカです。インスタグラムで作りおきの料理を中心にレシピを発信しています。

わたしは大学で管理栄養士の資格をとり、卒業後は社員食堂で働いていました。もともと料理が好きだったので、家でも栄養を考えた献立や料理を作るのを楽しんでいました。しかし結婚して子どもが生まれると、料理をする時間が思うようにとれなくなり、料理の作りおきを始めるようになりました。料理をする時間がとれないと、ついおなかが満たされるようなおかずばかりにしてしまい、野菜を食べることが少なくな

りがちだと感じています。だから、わたしの作りおきレシピは、野菜中心。または野菜と合わせたくなるようなおかずがほとんどです。
レシピはすべて材料少なめのシンプルなものばかりなので、これを基本にして少し味つけを変えてみたり、冷蔵庫に余った食材を足してみたり、ぜひアレンジも楽しんでもらえたらと思います。
レシピごとに栄養についてのことやちょっとしたコメントも載せていますので、ぜひそちらも読んでいただけたらうれしいです！

こんな人にオススメのレシピです！

1 カロリーや塩分が気になる人

低カロリーでも食べごたえのあるおかずや塩分を控えめにしたおかずが満載！　また、すべてのレシピにカロリー(熱量)＆塩分量を記載しました。ダイエット中の人はもちろん、健康的な食事を心がけている人の献立作りにも役立ちます。

2 とにかく野菜が好きな人

本書のレシピの特徴はなんといっても野菜！　野菜をモリモリ、たくさん食べられるレシピが満載です。シンプルな味つけ＆調理法だから野菜本来のおいしさとうまみを味わえます。

3 とにかく忙しい人

スピーディに調理できて、しかも数日間保存が可能なおかずがいっぱい。平日は時間がないうえ、休日は料理するパワーのない人でも、やる気がわいてくるレシピが見つかります。

4 健康が気になる人

健康食材として大人気の鶏むね肉やさば缶、健康のために積極的に食べたいきのこや大豆製品などの食材を使った、簡単レシピが盛りだくさんです。

5 料理が面倒な人

野菜1つでできるおかず、ポン酢や市販のたれなどの調味料1つで完成するおかずなど、面倒くさがりでもやる気になるレシピをたくさん紹介しています。

6 野菜を余らせがちな人

つい買いすぎたり、たくさんもらったり……。野菜を使いきれそうもないときに便利な「野菜を大量に消費できるレシピ」も多数掲載。

7 料理初心者

調理の工程が多かったり、難しかったりするレシピはありません。レンチンだけで完成するレシピ、和えるだけでOKの超簡単レシピもたくさん紹介しているので、気軽にチャレンジしてください。

本書の使い方

摂取できる栄養素
この料理で摂取できる代表的な栄養素。

アドバイス
この料理で摂取できる栄養素の補足、調理のコツやアドバイスなどを記載。

保存
冷蔵での保存可能期間。調理した日を1日としています。保存状態や環境などによって異なるため、目安として活用してください。

カロリー
レシピ全量の熱量です。調味料などの商品によって多少異なるため、目安として活用してください。

塩分
レシピ全量の塩分量です。調味料などの商品によって多少異なるため、目安として活用してください。

本書の決まりごと

・小さじ1は5㎖、大さじ1は15㎖、1カップは200㎖です。
・しょうがやにんにくの「1かけ」は、親指の先くらいの大きさを目安にしています。
・作る分量は、それぞれのレシピに記載してあります。
・電子レンジの加熱時間は、600Wの電子レンジを使用したときの加熱時間を示しています。500Wの場合は1.2倍を、700Wの場合は0.8倍を目安に加減してください。電子レンジ、オーブンなどの加熱時間は目安です。機種により熱のあたり方が異なりますので、様子を見ながら調節してください。
・野菜を洗う、野菜の皮やヘタ、種を取り除く、きのこの石づきや軸を除くなど、基本的な下処理の工程を省いている場合があります。
・カロリーや塩分、冷蔵保存期間は目安です。

作りおきのコツ

1 清潔な密閉容器で保存

保存容器は密閉できるものを選びましょう。使う前に清潔に洗ってしっかり乾燥させておくことも忘れずに。水分が残っていると、おかずが傷みやすくなります。キッチン用のアルコールスプレーなどで除菌すると、より安心です。

2 おかずは冷めてから移す

おかずはしっかり冷ましてから容器に移し、冷蔵庫に入れましょう。熱いまま容器に移すと、おかずが冷めるときに出た過剰な水分で、傷む原因になります。

3 味つけはシンプルに

作りおきのおかずはシンプルに味つけしておくことが基本です。シンプルな味つけなら、その日の気分でアレンジすることができるので、飽きずに最後までおいしく食べられます。

Erika's advice

たんぱく質が豊富な鶏むね肉のチャーシューに副菜でビタミンCや食物繊維をプラス。酸味のきいたもの、辛いものなど、味の異なるメニューを組み合わせると、全体に味のメリハリがつきます。また、全体の色のバランスも意識しましょう。食材の色＝栄養素の色でもあるので、いろどりよいメニューにすることで自然と栄養バランスも整いやすくなります。

副菜 トマトキムチ（→p.80）

主菜 鶏むね肉で簡単チャーシュー（→p.31）

野菜が おいしすぎる 献立 2

副菜　にんじんとツナのマスタードサラダ（→p.129）

汁物　酒粕豆乳スープ（→p.92）

Erika's advice

お肉のおかずだけでなく、魚を使った主菜もぜひひとり入れるようにしましょう。さば缶なら手軽に調理できるうえ、骨まで食べられるのでカルシウムも効率的に摂取できます。そのほかビタミンDやDHA・EPAなど、魚には肉にはない栄養素も多く含んでいます。にんじんはβ-カロテン、きゅうりには不足しやすいカリウムやビタミンCが多く含まれます。スープにはきのこを入れて、食物繊維をしっかりとりましょう。

野菜が
おいしすぎる
献立 3

Erika's advice

ミートソースは、お肉はもちろん、野菜をたっぷりとることができるので、意外に栄養バランスが整いやすいメニュー。ただし加熱に弱いビタミンCは不足しやすいので、副菜にはパプリカとブロッコリーでビタミンCをプラス。スープにはカリウムの摂取源として、にんじんのポタージュを。にんじんには抗酸化力のあるβ-カロテンも豊富に含まれます。

主菜　簡単ミートソース（→ p.57）

「いいね!」がすごかった
レシピ Best 5

これまでInstagramで発信してきた作りおきのレシピは、ざっと200ぐらい。その中から「いいね!」がたくさんついた人気レシピを5つ紹介します。どれも作り方は本当に簡単。そして、毎日作っても食べ飽きないシンプルな味つけが魅力です。

副菜 パプリカのピクルス（→p.78）

副菜 ブロッコリーの卵サラダ（→p.64）

汁物 にんじんのポタージュ（→p.76）

「いいね！」がすごかった
レシピ Best 5

これまでInstagramで発信してきた作りおきのレシピは、ざっと200ぐらい。その中から「いいね！」がたくさんついた人気レシピを5つ紹介します。どれも作り方は本当に簡単。そして、毎日作っても食べ飽きないシンプルな味つけが魅力です。

Best 1
しそチーズつくね

☑ たんぱく質　　☑ カルシウム

【材料】（2～3人分）

鶏ひき肉·····························300g
はんぺん·····················1枚(100g)
ベビーチーズ·······················4個
大葉································5枚
A みそ、みりん、砂糖、酒····各大さじ1
サラダ油·····························適量

【作り方】

1　ベビーチーズは細かく切る。大葉はみじん切りにする。

2　ボウルにひき肉とはんぺんを入れて、はんぺんをつぶすようによくこねる。

3　**1**も加えてこね、10等分にして丸く形を整える。

4　フライパンにサラダ油を中火で熱して、**3**を並べて焼く。

5　両面きつね色になるまで焼いたら、合わせた **A** を加えて煮詰めながらからめる。

Erika's advice

チーズインじゃなくて、混ぜ込むだけなのでとっても簡単！たっぷりチーズでおいしいです。チーズにはトリプトファンが豊富に含まれています。トリプトファンは、別名「幸せホルモン」と呼ばれるセロトニンの材料になります。セロトニンには、心身を落ち着かせる働きがあるといわれています。

カロリー　1031kcal　塩分　4.6g　保存　4日間

Best 2
きゅうりとしょうがの ポリポリ漬け

☑カリウム ☑ジンゲロン

【材料】（作りやすい分量）

きゅうり ························· 3本
しょうが ························· 30g
しょうゆ ························· 100㎖
酢 ······························· 100㎖
砂糖 ····························· 60g

【作り方】

1　きゅうりは1cm厚さの輪切り、しょうがは皮をむきせん切りにして、保存容器に入れる。
2　小鍋にしょうゆ、酢、砂糖を入れて火にかけ、ふつふつとしたら火からおろし、1にまわしかける。半日ほどおいたら食べごろ。

Erika's advice

ポリポリでおいしすぎる！　きゅうり3本、あっという間に食べきってしまいます。きゅうりはほとんどが水分で栄養がないと思われがちですが、何も含まれていないわけではありません。特にミネラルの1つ、カリウムが豊富で、塩分（ナトリウム）を排泄する働きがあるので高血圧の改善に役立ちます。しょうがにはジンゲロンと呼ばれる成分が含まれ、血行を促進し、体を温める働きがあります。体の冷えは肩こりや生理痛、免疫力の低下などをまねく原因にもなります。冷え予防にしょうがを適度にとるのもおすすめです。

| カロリー | 182kcal | 塩分 | 5.8g | 保存 | 5日間 |

※カロリーは漬け汁40％摂取するとして計算

Best 3
無限ツナキャベツ

☑ 食物繊維　☑ ビタミンU

【材料】（3〜4人分）

キャベツ……………………………1/2個
ツナ水煮缶詰…………………………1缶
A しょうゆ………………………大さじ1/2
　　顆粒鶏ガラスープの素………大さじ1/2
ラー油…………………………………適量

【作り方】

1 キャベツはせん切りにして熱湯で1分ゆでて冷水にさらし、水気をぎゅっと絞る。
2 ボウルに**A**を合わせ、**1**を入れ、缶汁をきったツナ、ラー油を入れて混ぜ合わせる。

Erika's advice

キャベツ半玉がペロリと食べられちゃう！　キャベツを消費したいときにもぜひどうぞ！　キャベツにはビタミンCやビタミンUが豊富です。ビタミンCは免疫力アップやコラーゲンの合成などに関わる栄養素で、ビタミンUは胃の粘膜を丈夫にして胃潰瘍を予防するなどの効果があるといわれています。ただしこれらの栄養素は水溶性なので、効率的にとるには生のまま食べるのが一番。とはいえ、ゆでると水溶性ビタミンは溶け出ていきますが、カサが減るので、生のときよりもたくさん食べられて、キャベツに含まれる食物繊維もたっぷりとることができます。

| カロリー | 159kcal | 塩分 | 3.0g | 保存 | 4日間 |

オクラのおひたし

☑食物繊維 ☑ムチン

【材料】(作りやすい分量)
オクラ……………………………… 8本
塩…………………………………… 少々
A 麺つゆ（3倍濃縮）………… 大さじ2
　水………………………………… 100㎖

【作り方】
1　オクラは塩をふって板ずりし、固いガクの部分を包丁でむき取る。
2　鍋に湯を沸かし、1を入れてゆで、冷水にとって冷ます。
3　保存容器にAを入れて混ぜ、2を加える。

Erika's advice

なんと麺つゆだけでできる、オクラのおひたし！　麺つゆが優秀すぎることがわかるレシピです。オクラには食物繊維が豊富でおなかの調子を整える働きがあります。また、オクラのネバネバ成分のムチンには、胃の粘膜を守る効果があります。そのほか抗酸化作用の強いβ-カロテンも豊富で、体内の活性酸素を除去して生活習慣病予防に役立ちます。

| カロリー | 39kcal | 塩分 | 1.2g | 保存 | 4日間 |

※カロリーは漬け汁40％摂取するとして計算

鶏むね肉の梅しそ和え

☑ たんぱく質　☑ クエン酸

【材料】（2〜3人分）
- 鶏むね肉 …………………… 1枚（350g）
- 梅干し …………… 中粒3個（30〜35g）
- 大葉 ……………………… 2枚（せん切り）
- A｜塩 ……………………………… 小さじ1/3
- 　｜砂糖 ……………………………… 小さじ1
- みりん、片栗粉 ……………… 各大さじ2
- サラダ油 ………………………………… 適量

【作り方】
1　鶏肉は一口大のそぎ切りにして、Aをもみ込む。
2　梅干しは種を取り、包丁でたたいてみりんと混ぜ合わせる。
3　1に片栗粉を薄くまぶし、サラダ油を中火で熱したフライパンに並べて焼く。
4　両面焼いて肉に火が通ったら火を止め、2を加える。仕上げに大葉を散らす。

Erika's advice
胃に疲れを感じている人におすすめの一品。さっぱりおいしく食べられますよー!!　酸味のきいた料理は、胃液の分泌を促して、食欲を回復させてくれます。梅干しは塩分10%のものを使いました。使う梅干しの塩分量によって梅干しの量を加減してくださいね。甘めの梅干しを使う場合は、みりんの量を少なめに調整してください。

カロリー 657kcal　塩分 8.6g　保存 4日間

管理栄養士の体にいいラクおかず184

野菜がおいしすぎる作りおき

Contents

2	はじめに
4	こんな人にオススメのレシピです!
6	本書の使い方
7	作りおきのコツ
8	野菜がおいしすぎる献立*1*
10	野菜がおいしすぎる献立*2*
12	野菜がおいしすぎる献立*3*

「いいね!」がすごかったレシピ*Best 5*

14	*Best 1*	しそチーズつくね
16	*Best 2*	きゅうりとしょうがのポリポリ漬け
18	*Best 3*	無限ツナキャベツ
20	*Best 4*	オクラのおひたし
22	*Best 5*	鶏むね肉の梅しそ和え

CHAPTER.01
低カロ満足おかず

28	鶏むね肉と小松菜の甘辛炒め
29	簡単蒸し鶏
30	鶏もも肉と塩もみ大根炒め
31	鶏むね肉で簡単チャーシュー
32	鶏むね肉のチリソース 鶏むね肉のタンドリーチキン
33	鶏むね肉とれんこんのオイマヨ炒め のり塩チキン
34	鶏むね肉のハニーマスタード焼き 鶏むね肉のヤンニョムチキン
35	鶏むね肉とキャベツのしょうが蒸し スタミナささみ
36	照り焼きねぎチキン 鶏となすびーの甘酢炒め
37	鶏肉と里芋のコチュジャン炒め 手羽元と卵のすっぱ煮
38	手羽先のゆずこしょう焼き 手羽先と長ねぎのうま煮
39	レバーのコチュジャン煮 もやしと砂肝のゆずこしょう炒め
40	豚肉の香味和え
41	スタミナ豚キムチ
42	さっぱり塩豚
43	オクラの肉巻きゆずこしょうだれ 豚肉とセロリの和風マリネ
44	豚肉と豆苗の煮浸し たっぷりにらの肉巻き
45	キャベツと豚しゃぶのごま酢サラダ 高野豆腐の肉巻き煮
46	豚肉と新玉ねぎの塩昆布炒め 豚こまとこんにゃくの辛みそ煮
47	甘辛豚こんにゃく 豚肉としらたきのカリカリ炒め
48	豚こまと根菜のきんぴら風 豚肉ときゅうりの梅炒め
49	トマトの肉巻き 豚こまときのこのゆずこしょう炒め
50	牛肉のトマト煮
51	牛丼の素
52	牛肉とキャベツの塩レモン炒め
53	牛しゃぶ肉と水菜のごまみそサラダ
54	小松菜と牛肉のオイスター炒め

	牛肉のしょうが煮
55	ふわふわ鶏団子
56	えのきバーグ
57	簡単ミートソース
58	ブロッコリーのドライカレー
	簡単☆豆腐バーグ
59	スタミナ豚つくね
	小松菜たっぷり鶏そぼろ
60	豆腐そぼろ
61	白だしで☆高野豆腐の煮物
62	豆腐のしょうが焼き
	ゴーヤーと厚揚げのみそ炒め
63	厚揚げと大根のみそ煮込み
	厚揚げのほっこり煮
64	ブロッコリーの卵サラダ
65	にんじんチャンプルー
66	たっぷりキャベツのキッシュ
	ねぎとさばみそのオープンオムレツ
67	半熟煮卵
	3種の半熟煮卵（カレーマリネ味、ピリ辛豆板醤味、塩麹味）
68	鮭ときのこのにんにくしょうゆ
69	塩さばのカレー焼き
70	鮭とブロッコリーのみそマヨ炒め
	ぶりの黒酢照り焼き
71	レモン香る☆ししゃもの南蛮漬け
	めかじきとアボカドのマスマヨ和え
72	鶏とこんにゃくの煮物
73	しらたきとむね肉のバンバンジーサラダ
74	ささみとしらたきの塩昆布和え
75	無限こんにゃく
	しらたきチャプチェ

CHAPTER.02
野菜1つで作るおかず

78	パプリカのピクルス
79	キャベツのうま塩和え
80	トマトキムチ
81	長芋のわさびしょうゆ漬け
82	にんじんの塩昆布和え
	ブロッコリーのにんにく蒸し
83	やみつきセロリマリネ
	かぶの塩昆布炒め

84	まるごとピーマン煮
	ピーマンの辛みそ和え
85	のり塩ポテト
	みそじゃが
86	ピリ辛なす炒め
	豆もやしのナムル
87	焼きねぎのピリ辛漬け
	新玉ねぎの焼き浸し
88	無限ごぼうバター
	無限れんこんバター
89	白菜の甘酢しょうが漬け
	れんこんの甘酢煮
90	魅惑の菜の花チーズ
	ブロッコリーの茎のザーサイ風
91	自家製なめたけ
	みょうがの甘酢漬け

CHAPTER.03
レンチン&スピードおかず

94	レンジでタッカルビ
95	レンジで鮭のちゃんちゃん焼き風
96	なすのオイル蒸し
97	レンジできのこマリネ
98	エリンギメンマ
	牛こまとにんにくの芽の甘辛炒め
99	しびれもやし
	豚こまのナポリタン風
100	長芋の磯辺肉巻き
	無限えのき
101	かぼちゃとクリームチーズのサラダ
	ひじきのみそマヨサラダ
102	切り干し大根のパリパリサラダ
	わかめと切り干し大根のごまマヨ和え
103	しらたきキムチ
	しらたきとピーマンのたらこバター
104	ねぎマヨサラダ
	トマトのはちみつレモン和え
105	ブロッコリーと豆のマスマヨサラダ
	無限セロリ
106	ししとうのオイル蒸し
	なすとピーマンの焼き浸し
107	クリームチーズのごぼうサラダ
	ジャンだれ厚揚げ

25

CHAPTER.04

さば&いわし缶の
おかず

110 いわし缶そぼろ
111 さば缶と大根のゆずこしょう煮
112 さば缶の南蛮漬け
113 さば缶となすのみそ煮
114 小松菜のいわし缶和え
　　さば缶とキャベツのレモン蒸し
115 さば缶カレー
　　春菊のさばみそ和え
116 さば缶とピーマンの塩昆布和え
　　いわし缶ピカタ
117 さば缶ときのこのトマト煮
　　さば缶と切り干し大根の中華サラダ

CHAPTER.05

調味料1つで作る
おかず

120 焼肉のたれで豆腐の照り焼き
121 手羽元のポン酢煮
122 セロリの昆布茶漬け
123 手羽中キムチ
　　たっぷりきのこのしょうが焼き
124 焼肉のたれで鶏そぼろ
　　梅じゃこひじき
125 かぶと豚バラの塩麹炒め
　　鶏肉と大根のオイスター炒め

CHAPTER.06

野菜大量消費
レシピ

128 塩もみ大根の炒めナムル
129 にんじんとツナのマスタードサラダ
130 水菜のごま酢サラダ
131 ピーマンのバターポン酢
132 ぽりぽり大根
　　無限白菜
133 とろとろ白菜麻婆
　　ねぎすき
134 きのこのガーリックバター
　　大葉のうま塩漬け
135 きゅうりの浅漬け
　　鶏肉のねぎまみれ
136 山形のだし
　　にんじんのコンビーフ炒め
137 明太ポテト
　　塩もみキャベツつくね
138 万能！ ねぎ塩だれ
　　小松菜のねぎ塩ナムル
　　ねぎ塩だれチャーハン
　　砂肝のねぎ塩焼き

Column

76 作りおきにプラス　スープレシピ❶
　　にんじんのポタージュ
　　もずく酢の酸辣湯
　　コーンスープ

92 作りおきにプラス　スープレシピ❷
　　酒粕豆乳スープ
　　ユッケジャンスープ
　　カレーミルクスープ

108 作りおきにプラス　炊き込みごはんレシピ
　　カレーピラフ
　　さば缶としょうがの炊き込みごはん
　　鮭とコーンの炊き込みごはん

118 体にいい！ おやつレシピ
　　豆腐ティラミス
　　チーズ蒸しパン
　　ミルクもち

126 体にいい！ スムージーレシピ
　　トマトのスムージー
　　黒ごまと小松菜のスムージー
　　ほうれん草とバナナのスムージー

CHAPTER.01

低カロ満足おかず

カロリーは控えめでも、おいしくて満足感のあるおかずを集めました。ヘルシー食材として人気の鶏むね肉のレシピはたっぷり、しらたきやこんにゃくなどの低カロ食材も多めです♪ 栄養豊富なお魚レシピもあるので、健康のためにもたまには作ってみてください！体調や気分、冷蔵庫の中身と相談しながら、食べたいおかず、作りたいレシピを選んでくださいね。

鶏むね肉と小松菜の甘辛炒め

☑ たんぱく質　☑ 鉄　☑ カルシウム

【材料】(2人分)

- 鶏むね肉　　　　　　　1枚
- 小松菜　　　　　　　　1束
- しょうゆ、みりん　　各大さじ1/2
- 片栗粉　　　　　　　大さじ2
- A　しょうゆ、みりん、砂糖　　各大さじ1
- 白炒りごま　　　　　　適量
- サラダ油　　　　　　　適量

【作り方】

1. 小松菜は4cm長さに切る。
2. 鶏肉は一口大に切り、しょうゆとみりんで下味をつける。
3. フライパンにサラダ油を中火で熱し、2に片栗粉をまぶして焼く。
4. 鶏肉に火が通ったら、1を加えて炒め、しんなりとしたらAを加えて炒め合わせる。仕上げに炒りごまをふる。

Erika's advice

小松菜にはカルシウム、鉄分などのミネラルやビタミンC、β-カロテンなどのビタミン類、食物繊維などが豊富に含まれています。アクが少なく下ゆで不要で料理に使いやすいのがうれしいところ。軽く炒めてシャキッとした歯ごたえを残すのもおいしいですが、水分が出やすいので、作りおきにはしっかりめに炒めるとよいです。

低カロ　満足　おかず

カロリー	塩分	保存
1098kcal	4.3g	4日間

CHAPTER 01 低カロ満足おかず

低カロ満足おかず

簡単蒸し鶏

☑ たんぱく質

【材料】(鶏むね肉1枚分)
鶏むね肉……1枚(350g程度)
塩……小さじ1/3
酒……大さじ1

【作り方】
1 鶏肉は塩と酒をふる。
2 耐熱容器に1を入れ、ふんわりとラップをかけて電子レンジで2分30秒加熱し、上下を返してさらに2分30秒加熱したら、粗熱がとれるまでおく。

Erika's advice
鶏むね肉は脂肪分が少なくて低カロリー。その分パサつきやすいので、レンジで加熱しすぎないのがポイントです。酒と塩をふったあと30分から1時間ほどおいておくと、よりしっとりします。蒸し鶏は細かく裂いてサラダのトッピングにしたり、薄くスライスして市販のごまだれなどをかけて食べても◎。

| カロリー | 870kcal | 塩分 | 2.3g | 保存 | 4日間 |

鶏もも肉と塩もみ大根炒め

低カロ満足おかず

☑ たんぱく質　☑ カルシウム　☑ マグネシウム　☑ ビタミンC

【材料】（2～3人分）
鶏もも肉……………………1枚
大根…………………………1/3本
塩（塩もみ用）……………小さじ1
塩、こしょう（下味用）…各少々
片栗粉………………………小さじ2
粗びき黒こしょう…………適量
ごま油………………………適量

【作り方】
1　大根は細切りにして塩をふり、10分ほどおいて水気を絞る。
2　鶏肉は一口大に切り、塩、こしょうをもみ込み、片栗粉をまぶす。
3　フライパンにごま油を中火で熱して、2を並べて焼く。火が通ったら1も加えて炒め、こしょうをふる。

Erika's advice

大根はカルシウム、マグネシウム、ビタミンC、食物繊維などが多く含まれます。塩もみすることでカサが減り、食べやすくなるのと、炒め物にしても水分が出にくいのでシャキッとした歯ごたえを楽しむことができます。大根に塩分が入るので、仕上げの味つけは控えめにするとよいです。

| カロリー | 773kcal | 塩分 | 2.7g | 保存 | 4日間 |

鶏むね肉で簡単チャーシュー

☑ たんぱく質

【材料】（鶏むね肉2枚分）
鶏むね肉‥‥‥‥‥‥‥2枚
A しょうゆ‥‥‥‥大さじ4
　みりん、砂糖‥‥各大さじ2
　おろししょうが、
　おろしにんにく
　　‥‥‥‥‥‥各小さじ1
　水‥‥‥‥‥‥‥1/2カップ

【作り方】
1　鶏肉は全体をフォークで刺す。
2　鍋にAと1を入れ、ふたをして火にかける。沸騰したら弱火にして6分、上下を返してさらに6分煮る。
3　火を止めて、粗熱がとれるまで冷ましたらでき上がり。

Erika's advice

鶏むね肉はあらかじめフォークで刺しておくことで、味がしみ込みやすいのと、パサつきも防げます。でき上がったら、汁ごと容器に入れて保存することで、さらに味のしみ込みがよくなります。

低カロ満足おかず

カロリー	塩分	保存
1223kcal	11.1g	5日間

鶏むね肉のチリソース

☑ たんぱく質　☑ リコピン

【材料】（2〜3人分）
鶏むね肉……………1枚
塩……………小さじ1/2
砂糖☆………小さじ1
片栗粉………………適量
A トマトケチャップ
　　　…………大さじ3
　砂糖、酒
　　　………各大さじ1
　豆板醤………小さじ1
白炒りごま、細ねぎ
　　　……………各適量
サラダ油……………適量

【作り方】
1　鶏肉は一口大にそぎ切りにして塩、砂糖をもみ込み、片栗粉を薄くまぶす。
2　フライパンにサラダ油を多めに熱し、1を並べて弱めの中火で焼く。
3　焼き色がついたら上下を返し、火が通ったら、キッチンペーパーなどで余分な油を拭き取る。
4　合わせたAを加えて全体にからめ、炒りごまと小口切りにした細ねぎを散らす。

Erika's advice
ピリ辛でごはんがすすむ♪　でも鶏むね肉だからヘルシー。辛いのが苦手な方やお子さんには、豆板醤抜きでどうぞ♡　ケチャップの原料のトマトに含まれるリコピンには、抗酸化作用があり、細胞の老化を防いで生活習慣病の予防に効果があります。リコピンは油と一緒にとったり、加熱することで吸収が高まります。

カロリー 704kcal　塩分 4.5g　保存 4日間

鶏むね肉のタンドリーチキン

☑ たんぱく質　☑ クルクミン

【材料】（2〜3人分）
鶏むね肉……………1枚
A プレーンヨーグルト
　　　…………大さじ3
　カレー粉、トマトケチャップ
　　　………各大さじ1
　おろしにんにく、
　おろししょうが
　　　………各小さじ1
塩……………小さじ2/3
こしょう……………少々
サラダ油……………適量

【作り方】
1　鶏肉は一口大のそぎ切りにする。
2　ポリ袋に1とAを加えてもみ込み、半日から一晩、漬け込む。
3　フライパンにサラダ油を中火で熱し、2を並べて焼く。両面焼いて、火が通ればでき上がり。

Erika's advice
漬け込むことで、むね肉でもしっとりやわらかく仕上がって激うまです(^^)。辛いのが好きな人は、ガラムマサラやチリペッパーを一緒に入れるといいですよ☆　クルクミンはカレー粉のターメリック（ウコン）に含まれる成分で、肝機能の向上や、コレステロール値を下げるのに役立つといわれています。

カロリー 626kcal　塩分 3.2g　保存 4日間

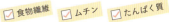

鶏むね肉とれんこんのオイマヨ炒め

☑ 食物繊維 ☑ ムチン ☑ たんぱく質

【材料】(2～3人分)
鶏むね肉………… 1枚
れんこん
 …… 1節(220g程度)
塩、こしょう…… 各少々
酒 ………… 大さじ1/2
片栗粉 ……… 大さじ1
A オイスターソース、
 マヨネーズ
  …… 各大さじ1
 しょうゆ、砂糖
  …… 各小さじ1
細ねぎ ………… 適量
サラダ油…… 大さじ1/2

【作り方】
1 鶏肉は一口大のそぎ切りにして、塩、こしょう、酒をふり、片栗粉をまぶす。
2 れんこんは皮をむき、約4cm長さに切り、さらに縦に約1cm厚さの棒状に切り、水にさっとさらして水気を拭く。
3 フライパンにサラダ油を中火で熱して1を並べて焼く。
4 焼き色がついたら上下を返し、2を加え、ふたをして3分蒸し焼きにする。
5 ふたを取り1分ほど炒めたら、合わせたAを加えて、からめるようにして混ぜる。仕上げに、小口切りにした細ねぎを散らす。

カロリー 866kcal 塩分 4.0g 保存 4日間

Erika's advice

作り方がちょっと長くなってしまいましたが、わりと簡単です♪ ポイントはれんこんの切り方。繊維と平行に切ることでシャキッとした食感を生かしてみました。鶏むね肉は、ご存じのとおり、低脂質、高たんぱくでダイエットや体を鍛えている人におすすめの食材です。パサつきやすいイメージがありますが、片栗粉をまぶしてから焼くことで水分を閉じ込めてしっとりと仕上げることができます。

☑ たんぱく質 ☑ 鉄 ☑ ビタミンB₁

のり塩チキン

【材料】(2～3人分)
鶏むね肉………… 1枚
塩 ………… 小さじ1/3
砂糖 ………… 小さじ1
片栗粉 …………… 適量
青のり ……… 小さじ2
塩 ………………… 少々
バター …………… 10g

【作り方】
1 鶏肉は一口大に切り、塩小さじ1/3、砂糖をもみ込んで10分ほどおき、片栗粉を薄くまぶす。
2 フライパンにバターを溶かし、1を並べ入れる。
3 中火で両面焼き、火が通ったら青のりと塩少々をふる。

Erika's advice

青のりの香りが最高＼(^^)／。みそ汁や納豆に入れるのもおいしいですよね♪ 最近青のりの可能性を感じています。しかも意外に栄養豊富な青のり♪ 一度にとる量は少量ですが、鉄やビタミンB群が豊富で貧血予防に役立ちます。

カロリー 630kcal 塩分 3.8g 保存 4日間

鶏むね肉のハニーマスタード焼き

☑ たんぱく質

【材料】（2～3人分）
鶏むね肉……… 1枚
塩……… 小さじ1/3
砂糖……… 小さじ1
片栗粉……… 大さじ2
A 粒マスタード
　　……… 大さじ1
　はちみつ、しょうゆ
　　……… 各小さじ2
サラダ油……… 適量

【作り方】
1　鶏肉は一口大のそぎ切りにし、塩と砂糖をもみ込む。
2　1に片栗粉をまぶし、サラダ油を中火で熱したフライパンに並べて両面焼く。
3　火が通ったら、合わせたAを加え、全体にからめる。

Erika's advice
お気に入りの鶏むね肉レシピです(^^)　ハニーマスタード、とってもおいしい。辛くないから3歳の娘も食べられました。鶏むね肉のパサつきを防ぐには、下味をしっかりつけておくのが一番簡単で効果的な方法です。すぐに調理しない場合は下味をつけてから冷凍しておくのもおすすめです。

| カロリー | 699kcal | 塩分 | 4.7g | 保存 | 4日間 |

鶏むね肉のヤンニョムチキン

☑ たんぱく質　☑ リコピン

【材料】（3～4人分）
鶏むね肉……… 2枚
塩、こしょう……… 各少々
酒……… 小さじ2
片栗粉……… 大さじ2
A コチュジャン、
　トマトケチャップ
　　……… 各大さじ3
　酒……… 大さじ2
　しょうゆ……… 小さじ2
　おろしにんにく、はちみつ
　　……… 各小さじ1
ごま油……… 大さじ2

【作り方】
1　鶏肉は一口大に切り、塩、こしょう、酒をふり、片栗粉をまぶす。
2　フライパンにごま油を中火で熱し、1を焼く。
3　上下を返し、ふたをして弱火で約3分蒸し焼きにする。
4　火が通ったら、合わせたAを加え、煮詰めながら全体にからめる。

Erika's advice
ヤンニョムチキンって本当は、鶏もも肉や骨つき肉を油で揚げて作るそうですが、それだとかなり高カロリーですよね…。やっぱり家で作る料理はなるべく健康的にしたいので、むね肉を使って揚げずにヘルシーに♡　蒸し焼きにすることでお肉がかたくなりにくいですよ。あれば、仕上げに白炒りごまを散らせば、いい感じ♪

| カロリー | 626kcal | 塩分 | 3.2g | 保存 | 4日間 |

CHAPTER 01 低カロ満足おかず

鶏むね肉とキャベツのしょうが蒸し

☑ たんぱく質　☑ ジンゲロン　☑ ビタミンU

【材料】（2人分）
- 鶏むね肉 …… 1枚
- キャベツ …… 1/4個
- 塩 …… 小さじ1
- 砂糖 …… 小さじ1/2
- 片栗粉 …… 大さじ1
- しょうが …… 40g
- 酒 …… 大さじ1
- しょうゆ …… 小さじ1
- サラダ油 …… 大さじ1/2

【作り方】
1　鶏肉は一口大に切り塩、砂糖をもみ込み、片栗粉をまぶす。キャベツはざく切り、しょうがは皮をむき、せん切りにする。
2　フライパンにサラダ油を中火で熱して鶏肉を並べて焼く。
3　焼き色がついたら上下を返し、キャベツとしょうがをのせて酒をふり、ふたをして弱火で約15分蒸し焼きにする。
4　ふたを取り、仕上げにしょうゆをまわし入れ、全体をさっと混ぜる。

Erika's advice

蒸し焼きにすることでキャベツはくったと、むね肉はしっとり♡　ふたを開けたときのしょうがの香りもたまりません。しょうがは体を温める効果もあるので、冷えが気になる人にもおすすめの食材です。また、キャベツに含まれるビタミンUは、胃酸の分泌を抑え、胃の粘膜を守る働きをする栄養素です。食べ物の効果で体の不調が少しでもよくなるとうれしいですよね♪

| カロリー | 631kcal | 塩分 | 7.2g | 保存 | 4日間 |

スタミナささみ

☑ たんぱく質　☑ 鉄　☑ ビタミンB₁

【材料】（ささみ5本分）
- 鶏ささみ肉 …… 5本
- A みりん …… 大さじ2
-   しょうゆ、
    オイスターソース
    …… 各大さじ1
-   おろしにんにく、
    おろししょうが
    …… 各小さじ1

【作り方】
1　ささみは筋を取り、合わせたAに入れて約30分漬ける。
2　耐熱容器に並べ入れ、ふんわりとラップをかけて電子レンジで2分30秒加熱する。いったん取り出し、ささみの上下を返してさらに2分30秒加熱する。

Erika's advice

にんにくとしょうががきいているので、食欲をそそられる味♪　ささみ肉は、低脂質、高たんぱくで、ダイエットにぴったりの食材です。淡白な味とパサつきがちなのが難点ですが、調味料に漬け込むことで、しっとりおいしくなります。そのままスライスしておかずにしたり、ほぐしてサラダにトッピングすれば手軽にたんぱく質を摂取できます。

| カロリー | 405kcal | 塩分 | 5.2g | 保存 | 4日間 |

35

照り焼きねぎチキン

☑ たんぱく質　☑ 硫化アリル　☑ ビタミンC

【材料】（2〜3人分）
鶏もも肉……………1枚
長ねぎ………………1本
しょうゆ、砂糖
　　………各大さじ1
サラダ油……小さじ1
七味唐辛子………適宜

【作り方】
1　長ねぎは約4cm長さに切り、鶏肉は一口大に切る。
2　フライパンにサラダ油を中火で熱し、鶏肉を皮目を下にして並べ、長ねぎをあいたところに入れて焼く。
3　焼き色がついたら上下を返し、火が通ったらしょうゆと砂糖を加え、煮詰めながら全体にからめる。

Erika's advice

お好みで七味唐辛子をかけてどうぞ。鶏もも肉はたんぱく質が豊富な食材です。むね肉やささみ肉にくらべると脂質が多いですが、その分ジューシーでうま味があるのが特徴。カロリーを控えたい場合は皮を取り除いてから使うといいですよ。長ねぎには硫化アリルという成分が含まれていて、ビタミンB₁の働きを持続させる効果や、血栓を予防する働きもあります。

カロリー 851kcal　塩分 3.4g　保存 4日間

鶏となすぴーの甘酢炒め

☑ たんぱく質　☑ カリウム　☑ クエン酸

【材料】（2〜3人分）
鶏もも肉……………1枚
なす…………………2本
ピーマン……………3個
片栗粉………小さじ2
A 酢、水…各大さじ3
　しょうゆ、砂糖
　…各大さじ1と1/2
　顆粒和風だしの素
　………小さじ1/2
片栗粉（とろみつけ用）
　……………大さじ1
白炒りごま………適量
サラダ油……大さじ1

【作り方】
1　なすはヘタを取り、ピーマンはヘタと種を取り、食べやすい大きさの乱切りにする。鶏肉は一口大に切り、片栗粉をまぶす。
2　フライパンにサラダ油を中火で熱し、鶏肉を並べて焼く。
3　片面が焼けたら、上下を返し、あいているところになすも加えて焼く。
4　肉に火が通ったらピーマンも加えてさっと炒め、合わせたAを加える。煮立ったら、片栗粉を同量の水で溶き、まわし入れてとろみをつける。仕上げに炒りごまを散らす。

Erika's advice

お酢には食欲増進作用や疲労回復などに効果のあるクエン酸が豊富に含まれています。また、お酢を使った料理は少量の塩分でもおいしく感じることができるので、減塩にも役立ちます。

カロリー 1049kcal　塩分 5.2g　保存 4日間

CHAPTER 01 低カロ満足おかず

鶏肉と里芋の コチュジャン炒め

☑ カリウム ☑ 食物繊維 ☑ ガラクタン

【材料】(3〜4人分)
鶏もも肉 ……… 2枚
里芋 ……… 小5〜6個
酒 ……… 小さじ2
しょうゆ ……… 小さじ1
片栗粉 ……… 大さじ2
A コチュジャン、酒
　　　　…… 各大さじ2
　しょうゆ、はちみつ
　　（砂糖でも可）、
　おろしにんにく
　　　…… 各大さじ1/2
長ねぎ、ごま … 各適量
サラダ油 ……… 適量

【作り方】
1　里芋は皮をむき、一口大に切る。耐熱容器に入れてふんわりとラップをかけて電子レンジで6分加熱する。竹串がすっと通ればOK。
2　鶏肉は一口大に切り、ポリ袋に入れ、酒、しょうゆを加えてもみ込む。片栗粉を加え、ポリ袋に空気を入れてふり混ぜる。
3　フライパンにサラダ油を弱めの中火で熱し、鶏肉を入れ、両面焼く。
4　火が通ったらキッチンペーパーなどで余分な油を拭き、1と合わせたAを加え、炒めながら全体にからめ、長ねぎ、ごまをふる。

Erika's advice
里芋の主成分はでんぷんです。糖質が多くてカロリーが高そうですが、食物繊維や水分が多いので、実は低カロリー。里芋のぬめり成分のムチンには粘膜を保護し、消化吸収を助ける働きがあり、ガラクタンには免疫力を高める効果があるといわれています。

カロリー 1098kcal　塩分 5.4g　保存 4日間

手羽元と卵の すっぱ煮

☑ クエン酸 ☑ たんぱく質

【材料】(3〜4人分)
鶏手羽元 ……… 8本
ゆで卵 ……… 4個
しょうが ……… 1かけ
A しょうゆ ……… 50mℓ
　砂糖
　　…… 大さじ1と2/3
　みりん ……… 25mℓ
　酢 ……… 100mℓ
サラダ油 ……… 適量

【作り方】
1　しょうがは薄切り、Aは合わせておく。
2　フライパンにサラダ油を中火で熱し、手羽元を入れ、全体に焼き目がつくまで焼く。
3　1を加え、殻をむいたゆで卵も加える。落としぶたをして、途中で転がしながら弱めの中火で約20分煮る。
4　煮汁が1/3ほどになったらでき上がり。

Erika's advice
お酢をたっぷり使いますが、煮ているうちに酸味がほどよくとんで、うまみが引き立ちます。お酢は疲労回復、食欲増進に効果があるので、お疲れぎみの人におすすめのメニューですよ。また、手羽元と卵には体を作るのに不可欠なたんぱく質が豊富。とくに手羽元にはコラーゲンが多く含まれ、肌のハリを保つ役割もあります。

カロリー 1250kcal　塩分 10g　保存 4日間

37

手羽先のゆずこしょう焼き

☑ たんぱく質 ☑ ビタミンA

【材料】（2〜3人分）
鶏手羽先……… 8本
ゆずこしょう
　……… 大さじ1弱

【作り方】
1　手羽先はゆずこしょうをまぶし、30分以上おく。
2　クッキングシートを敷いた天板に1を並べ、250℃に予熱したオーブンで20分焼く。

Erika's advice
おつまみにも最高♡　材料は手羽先とゆずこしょうだけなんて簡単すぎるー♪　急いでいるときは30分以上おかないでそのまま焼いてもOKですよ。あと、温め直すときはアルミホイルの上に並べて、トースターで焼くといい感じです。手羽先にはコラーゲンが豊富なので、シミ、しわを防ぐなど美肌効果も♡

| カロリー | 640kcal | 塩分 | 4.3g | 保存 | 4日間 |

手羽先と長ねぎのうま煮

☑ たんぱく質 ☑ 硫化アリル ☑ ビタミンA

【材料】（2〜3人分）
鶏手羽先 ……… 8本
長ねぎ ………… 1本
しょうが ……… 1かけ
しょうゆ
　……… 大さじ1と1/2
みりん ……… 大さじ1
砂糖 ………… 大さじ1/2
サラダ油 ……… 適量

【作り方】
1　長ねぎは4cm長さにぶつ切りにする。しょうがは薄切りにする。
2　フライパンにサラダ油を熱し、手羽先と長ねぎを並べて中火で両面焼き色がつくまで焼く。
3　水300ml（分量外）、しょうゆ、みりん、砂糖を加えて落としぶたをして、弱めの中火で10分煮る。落としぶたを取り、汁気がほとんどなくなるまで煮る。

Erika's advice
焼いて煮るだけだけど間違いなくおいしい♪　手羽先には肌を健康に保つのに役立つたんぱく質やビタミンAが豊富です。たんぱく質は体にとってとても重要な成分で、皮膚、髪、内臓、血液中の細胞、ホルモン、酵素などさまざまなものの材料になります。ビタミンAは肌や粘膜を守る、免疫力を維持するなどの働きがあり、不足すると、肌が乾燥する原因にもなります。

| カロリー | 805kcal | 塩分 | 4.5g | 保存 | 4日間 |

レバーの コチュジャン煮

☑ 鉄分 　☑ ビタミンA

【材料】（2〜3人分）
鶏レバー……………300g
コチュジャン
　……大さじ1と1/2
しょうゆ、みりん
　………各小さじ1

【作り方】
1 レバーは一口大に切り、牛乳または塩水（ともに分量外）につけて洗い、血抜きする。
2 鍋にコチュジャン、しょうゆ、みりん、水200ml（分量外）を入れて火にかけ、煮立ったらレバーを入れる。
3 汁気がほとんどなくなるまで中火で15〜20分煮たらでき上がり。

Erika's advice
鉄分補給にぴったりなレバーを使ったレシピ。臭みは、コチュジャンで煮ることでどこかに追い払ってくれます。レバーは高たんぱく、低脂質で、カロリーが気になる人にもおすすめの食材。肌や粘膜を健康に保つビタミンAも豊富に含まれます。ただし、レバーに含まれる動物性ビタミンA（レチノール）は、妊娠初期に過剰摂取すると赤ちゃんに影響する心配があるので、妊婦さんは食べすぎないようにしましょう。

カロリー 457kcal 　塩分 5.1g 　保存 4日間

もやしと砂肝の ゆずこしょう炒め

☑ たんぱく質 　☑ 鉄分 　☑ β-カロテン

【材料】（2〜3人分）
鶏砂肝……………200g
もやし……………1/2袋
塩、こしょう……各少々
豆苗………………1/2パック
酒、ゆずこしょう
　………各小さじ1
ポン酢……………大さじ1
サラダ油…………適量

【作り方】
1 砂肝は食べやすい大きさに切り、塩、こしょうをふり、5分ほどおく。豆苗は根元を切り落とし、半分に切る。
2 フライパンにサラダ油を中火で熱し、砂肝を軽く炒める。酒をふり、ふたをして弱火で3分ほど蒸し焼きにする。
3 ふたを取り、もやしと豆苗を加えてさっと炒め、ゆずこしょう、ポン酢も加え、さっと炒める。

Erika's advice
コリコリした食感で、おつまみにもおすすめですよー♡ ゆずこしょうの風味とピリッとした辛さが最高！ 安く買える食材ばかりなので節約にも◎。砂肝は低脂質、高たんぱくで鉄分も豊富です。鉄分の豊富な食材というとレバーが有名ですが、砂肝は臭みが少なくて食べやすいので、鉄分補給におすすめ。豆苗はえんどう豆のスプラウト（新芽）で、β-カロテンやビタミンCが多く含まれます。

カロリー 263kcal 　塩分 3.3g 　保存 3日間

豚肉の香味和え

☑ たんぱく質　☑ ビタミンB1　☑ 硫化アリル

【材料】（2〜3人分）
- 豚肉（しゃぶしゃぶ用）… 250g
- きゅうり … 1本
- 長ねぎ … 1/3本
- 塩 … 小さじ1/2
- A しょうゆ … 大さじ2
  - はちみつ、酢 … 各大さじ1
  - 豆板醤 … 小さじ1
  - おろしにんにく、おろししょうが … 各小さじ1/2
- 白炒りごま … 適量

【作り方】
1　きゅうりはせん切りにして塩をふり、5分ほどおいたらさっと洗って水気を絞る。長ねぎはみじん切りにする。
2　ボウルにAと1を入れて混ぜる。
3　熱湯で豚肉をゆで、ざるに上げて冷まし、2に加えて混ぜる。仕上げに炒りごまをふる。

Erika's advice
長ねぎやにんにくに含まれる硫化アリルには体を温める効果があり、体の血行をよくして冷え予防に役立ちます。また、豚肉のビタミンB1には摂取した糖質からエネルギーを生み出す働きがあり、疲労回復に役立ちます。

低カロ 満足 おかず

カロリー 782kcal　塩分 5.9g　保存 4日間

スタミナ豚キムチ

☑ たんぱく質　☑ ビタミンB1　☑ カプサイシン

【材料】（2〜3人分）
- 豚バラ薄切り肉 ………… 200g
- にら ……………………… 1束
- もやし ………………… 1/2袋
- 市販のキムチ …………… 150g
- 顆粒鶏ガラスープの素
  ………………………… 小さじ1
- ごま油 …………………… 適量

【作り方】

1　豚肉は食べやすい大きさに切る。にらは洗って4cm長さに切る。

2　フライパンにごま油を中火で熱し、豚肉を炒める。肉の色が半分程度変わったら、もやしとキムチ、鶏ガラスープの素を加えて炒める。

3　もやしがしんなりとしたらにらを加えてさっと炒める。

Erika's advice

キムチの辛みのもとであるカプサイシンには血行をスムーズにして体を温める効果があります。エネルギー代謝を促進し、体脂肪を分解してダイエット効果も期待できます。

| カロリー | 949kcal | 塩分 | 4.9g | 保存 | 3日間 |

さっぱり塩豚

☑ たんぱく質 　☑ ビタミンB1

低カロ
満足
おかず

【材料】(3〜4人分)
豚ロースかたまり肉 … 400g
塩、砂糖 ……… 各大さじ1
(あれば)長ねぎの青い部分、
　しょうが ……… 各適量

【作り方】
1　豚肉は塩と砂糖をすり込み、ラップをピタッと巻いて冷蔵庫の中で1〜2日おく。
2　鍋にたっぷりの湯を沸かし、1をラップを外して入れ、あればしょうがや長ねぎの青い部分も加え、落としぶたをして弱火で約1時間煮る。ゆで汁ごと冷まして保存する。

Erika's advice

豚肉のビタミンB1は、摂取した糖質からエネルギーを生み出す働きがあり、疲労回復に役立ちます。塩と砂糖には保水性があり、お肉の中に水分を閉じ込め、加熱してもパサつきにくくなります。塩を多めに使いますが、ゆでている間に抜けるので、仕上がりはちょうどよい塩加減になります。

| カロリー | 1069kcal | 塩分 | 7.8g | 保存 | 5日間 |

CHAPTER 01 低カロ満足おかず

オクラの肉巻き ゆずこしょうだれ

 ☑ムチン   ☑たんぱく質 ☑食物繊維

【材料】（2人分）
- オクラ……………8本
- 豚ロース薄切り肉……………8枚
- 薄力粉……………適量
- A ゆずこしょう……………大さじ1/2
  - みりん……大さじ1
  - しょうゆ……小さじ1
- サラダ油……………適量

【作り方】
1 オクラは塩少々（分量外）をふって板ずりし、固いガクの部分を包丁でむき取る。
2 オクラに豚肉を巻き、薄力粉を薄くまぶす。
3 フライパンに少なめの油を中火で熱し、2を巻き終わりを下にして並べ、転がしながら焼く。
4 肉に火が通ったら、合わせたAを加え、全体にからめてできあがり。

Erika's advice

オクラはゆでておく必要もなく、巻いて焼くだけ♪ オクラのネバネバ成分ムチンには、胃の粘膜を守る働きがあります。また、たんぱく質の吸収を高める働きがあるので、肉や魚と組み合わせるのが効果的。サラダや和え物など副菜に使うことが多いオクラですが、炒め物にしても◎。歯ごたえがあり低カロリーなので、主菜のかさ増し食材としてもおすすめです。

カロリー 782kcal ／ 塩分 3.0g ／ 保存 4日間

 ☑たんぱく質 ☑アピイン・ピラジン

豚肉とセロリの 和風マリネ

【材料】（2～3人分）
- 豚ロース肉（しゃぶしゃぶ用）……………250g
- セロリ……………1/2本
- にんじん……………1/3本
- A 酢……………大さじ4
  - 砂糖、しょうゆ、ごま油……………各大さじ2

【作り方】
1 セロリは茎の部分は斜め薄切りに、葉はせん切りにする。にんじんは皮をむきせん切りにする。
2 ボウルにAを合わせ、1を加えて混ぜる。
3 鍋に湯を沸かし、豚肉をゆでる。冷水にとって冷まし、ざるにあげ、水気をしっかりきる。
4 2に加えて混ぜる。

Erika's advice

セロリがさわやかなさっぱり系おかず♪ セロリのすっきりとした香りは、アピインやピラジンといった成分によるもの。これらの成分にはリラックス効果があり、イライラや不安感を鎮める働きがあるといわれています。

カロリー 1019kcal ／ 塩分 5.6g ／ 保存 4日間

豚肉と豆苗の煮浸し

☑ たんぱく質　☑ β-カロテン

【材料】(2人分)
豚ロース肉(しゃぶしゃぶ用)……200g
豆苗……1パック
A だし汁……300ml
　しょうゆ、みりん、酒
　　……各大さじ1
削り節……適量

【作り方】
1　豆苗は根を切る。
2　鍋にAを入れて中火にかけ、煮立ったら豚肉を入れる。
3　火が通ったら豚肉を端に寄せ、あいたところに1を入れ、くたっとするまで煮る。食べるときに削り節を添える。

Erika's advice
豚肉は面倒でも1枚ずつていねいに入れてゆでることでくっつかずにきれいに仕上がります。アクが出たら取り除いてくださいね♪　豆苗はβ-カロテンやビタミンC、ビタミンE、ビタミンB群、カリウムなどが豊富で栄養価の高い野菜。β-カロテンは体内でビタミンAに変わって、皮膚や粘膜の健康を保つために役立ちます(^-^)。抗酸化作用もあり、生活習慣病の予防にもおすすめ。

| カロリー | 648kcal | 塩分 | 3.1g | 保存 | 3日間 |

たっぷりにらの肉巻き

☑ たんぱく質　☑ ビタミンB1　☑ 硫化アリル

【材料】(2～3人分)
にら……1袋
豚薄切り肉……約120g
A しょうゆ、みりん
　　……各大さじ1
　オイスターソース、
　砂糖……各小さじ1
サラダ油……適量

【作り方】
1　にらは三等分に切り、半量ずつに分ける。
2　豚肉は少し重ねながらにらの長さ分並べる。にらを上に置き、端から巻いていく。同様にもう1本作る。
3　フライパンに油を中火で熱して2を、巻き終わりを下にして焼く。
4　転がしながら焼き、肉に火が通ったら合わせたAを加え、煮詰めながらからめる。
5　取り出して、一口大の大きさにカットする。

Erika's advice
豚肉は疲労回復に役立つビタミンB1が豊富に含まれています。そして、にらにはビタミンB1の効果を高める硫化アリルが豊富なので、おすすめの組み合わせです！　にらの香りとシャキッとした歯ごたえでやみつきになる一品ですよ♪　一口大にカットすると食べやすいです！

| カロリー | 448kcal | 塩分 | 3.4g | 保存 | 4日間 |

CHAPTER 01 低カロ満足おかず

キャベツと豚しゃぶの ごま酢サラダ

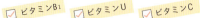

☑ビタミンB1 ☑ビタミンU ☑ビタミンC

【材料】（3〜4人分）
豚ロース肉（しゃぶしゃぶ用）……300g
キャベツ……1/4個
にんじん……1/3本
A ポン酢
　……大さじ3と1/2
　すりごま … 大さじ2
　砂糖
　……大さじ1と1/2

【作り方】
1　豚肉はゆでて冷水にとり、水気をきる。
2　キャベツは粗めのせん切りにして耐熱容器に入れ、ふんわりラップをかけて電子レンジで3分30秒加熱する。冷水にさらし、水気を絞る。
3　にんじんはせん切りにする。
4　ボウルにAを混ぜ、2、3、1を加えて和える。

Erika's advice
キャベツがたっぷり食べられるサラダです♪　作りおくことで味がなじんでおいしくなりますよー！豚肉にはビタミンB1が豊富に含まれます。ビタミンB1は食べたものをエネルギーに変えるために必要な栄養素で、疲労回復やスタミナアップに役立ちます。キャベツにはビタミンCやビタミンUが豊富で、ビタミンUは胃の粘膜を守る働きがあります。

カロリー 1038kcal ／ 塩分 3.3g ／ 保存 4日間

高野豆腐の肉巻き煮

☑たんぱく質　☑カルシウム　☑鉄

【材料】（2〜3人分）
豚バラ薄切り肉……200g
高野豆腐……3枚
A しょうゆ、みりん、砂糖……各大さじ1
　だし汁（または水）
　……300ml

【作り方】
1　高野豆腐は戻して手で挟むようにして水気を絞り、三等分に切る。
2　高野豆腐に豚肉を巻きつけ、巻き終わりを下にしてフライパンに並べる（油は引かなくてOK）。中火で転がしながら焼き色がつくまで焼く。
3　Aを加え、煮汁が少量になるまで、たまに転がしながら煮る。

Erika's advice
高野豆腐はたんぱく質、カルシウム、鉄など豊富な栄養素を含んでいます。低脂質、低糖質、低カロリーなうえ食べごたえもあるのでダイエットにも適した食材。レジスタントプロテインという、消化されにくいたんぱく質も豊富で、コレステロール値を下げたり、糖質の吸収を緩やかにする効果があるといわれています。

カロリー 1155kcal ／ 塩分 3.7g ／ 保存 3日間

45

豚肉と新玉ねぎの塩昆布炒め

低カロ満足おかず

☑ ビタミンB1　☑ 硫化アリル　☑ たんぱく質

【材料】（2～3人分）
豚肩ロース薄切り肉
　　　………300g
新玉ねぎ………1個半
しょうゆ、酒
　　………各小さじ1
片栗粉………小さじ2
塩昆布
　　………大さじ2～3
白炒りごま………適量
ごま油………適量

【作り方】
1　豚肉はしょうゆ、酒、片栗粉をもみ込む。新玉ねぎは約5mmの薄切りにする。
2　フライパンにごま油を中火で熱し、豚肉を炒める。半分程度色が変わったら新玉ねぎも入れて炒める。
3　肉に火が通ったら塩昆布を加える。仕上げに炒りごまを散らす。

Erika's advice

豚肉はロース肉を使っていますが、こま切れ肉でもなんでもOKです。塩昆布の量は味を見て調節してください。豚肉にはビタミンB1が豊富。新玉ねぎに含まれる硫化アリルにはビタミンB1の吸収を高める効果があるので、一緒にとることで疲労回復・スタミナアップに役立ちます。

カロリー 922kcal　塩分 3.0g　保存 4日間

豚こまとこんにゃくの辛みそ煮

低カロ満足おかず

☑ ビタミンB1　☑ 食物繊維　☑ たんぱく質

【材料】（2～3人分）
豚こま切れ肉……250g
ごぼう…………1本
こんにゃく（アク抜きタイプ）……1枚(250g)
A┌みそ、みりん
　│　………各大さじ2
　│しょうゆ、砂糖
　│　………各大さじ1
　└豆板醤………大さじ1/2
水…………300mℓ

【作り方】
1　ごぼうは斜め薄切りにして水にさらし、ざるにあげて水気をきる。こんにゃくは短冊切りにする。
2　Aを鍋に入れて煮立たせる。豚肉、ごぼうを入れ、落としぶたをして弱めの中火で約5分煮る。
3　こんにゃくを加えてさらに5分煮たら、落としぶたを取り、汁気が1/3程度になるまで7～8分煮る。

Erika's advice

節約の定番、豚こま肉を使ったレシピです＼(^^)/。ピリ辛でごはんがすすむ味！　豚肉に豊富に含まれるビタミンB1は糖質をエネルギーに変えるために必要な栄養素。不足するとエネルギーがうまく作られず、疲労の原因に。糖質を多くとったときはとくに、ビタミンB1の必要量が増すのでしっかりとる必要があります。

カロリー 1058kcal　塩分 6.4g　保存 4日間

CHAPTER 01 低カロ満足おかず

キャベツと豚しゃぶのごま酢サラダ

☑ ビタミンB1　☑ ビタミンU　☑ ビタミンC

【材料】（3～4人分）
豚ロース肉（しゃぶしゃぶ用）………300g
キャベツ………1/4個
にんじん………1/3本
A　ポン酢
　　…大さじ3と1/2
　　すりごま…大さじ2
　　砂糖
　　…大さじ1と1/2

【作り方】
1　豚肉はゆでて冷水にとり、水気をきる。
2　キャベツは粗めのせん切りにして耐熱容器に入れ、ふんわりラップをかけて電子レンジで3分30秒加熱する。冷水にさらし、水気を絞る。
3　にんじんはせん切りにする。
4　ボウルにAを混ぜ、2、3、1を加えて和える。

Erika's advice
キャベツがたっぷり食べられるサラダです♪　作りおくことで味がなじんでおいしくなりますよー！　豚肉にはビタミンB1が豊富に含まれます。ビタミンB1は食べたものをエネルギーに変えるために必要な栄養素で、疲労回復やスタミナアップに役立ちます。キャベツにはビタミンCやビタミンUが豊富で、ビタミンUは胃の粘膜を守る働きがあります。

カロリー 1038kcal　塩分 3.3g　保存 4日間

高野豆腐の肉巻き煮

☑ たんぱく質　☑ カルシウム　☑ 鉄

【材料】（2～3人分）
豚バラ薄切り肉……200g
高野豆腐…………3枚
A　しょうゆ、みりん、
　　砂糖…各大さじ1
　　だし汁（または水）
　　…………300ml

【作り方】
1　高野豆腐は戻して手で挟むようにして水気を絞り、三等分に切る。
2　高野豆腐に豚肉を巻きつけ、巻き終わりを下にしてフライパンに並べる（油は引かなくてOK）。中火で転がしながら焼き色がつくまで焼く。
3　Aを加え、煮汁が少量になるまで、たまに転がしながら煮る。

Erika's advice
高野豆腐はたんぱく質、カルシウム、鉄など豊富な栄養素を含んでいます。低脂質、低糖質、低カロリーなうえ食べごたえもあるのでダイエットにも適した食材。レジスタントプロテインという、消化されにくいたんぱく質も豊富で、コレステロール値を下げたり、糖質の吸収を緩やかにする効果があるといわれています。

カロリー 1155kcal　塩分 3.7g　保存 3日間

豚肉と新玉ねぎの塩昆布炒め

☑ ビタミンB1　☑ 硫化アリル　☑ たんぱく質

【材料】（2〜3人分）
豚肩ロース薄切り肉
　……………… 300g
新玉ねぎ ……… 1個半
しょうゆ、酒
　………… 各小さじ1
片栗粉 ……… 小さじ2
塩昆布
　………… 大さじ2〜3
白炒りごま ……… 適量
ごま油 …………… 適量

【作り方】
1　豚肉はしょうゆ、酒、片栗粉をもみ込む。新玉ねぎは約5mmの薄切りにする。
2　フライパンにごま油を中火で熱し、豚肉を炒める。半分程度色が変わったら新玉ねぎも入れて炒める。
3　肉に火が通ったら塩昆布を加える。仕上げに炒りごまを散らす。

Erika's advice
豚肉はロース肉を使っていますが、こま切れ肉でもなんでもOKです。塩昆布の量は味を見て調節してください。豚肉にはビタミンB1が豊富。新玉ねぎに含まれる硫化アリルにはビタミンB1の吸収を高める効果があるので、一緒にとることで疲労回復・スタミナアップに役立ちます。

カロリー 922kcal ／ 塩分 3.0g ／ 保存 4日間

豚こまとこんにゃくの辛みそ煮

☑ ビタミンB1　☑ 食物繊維　☑ たんぱく質

【材料】（2〜3人分）
豚こま切れ肉 …… 250g
ごぼう ……………… 1本
こんにゃく（アク抜きタイプ）…… 1枚(250g)
A｜みそ、みりん
　｜……… 各大さじ2
　｜しょうゆ、砂糖
　｜……… 各大さじ1
　｜豆板醤 … 大さじ1/2
　｜水 ………… 300ml

【作り方】
1　ごぼうは斜め薄切りにして水にさらし、ざるにあげて水気をきる。こんにゃくは短冊切りにする。
2　Aを鍋に入れて煮立たせる。豚肉、ごぼうを入れ、落としぶたをして弱めの中火で約5分煮る。
3　こんにゃくを加えてさらに5分煮たら、落としぶたを取り、汁気が1/3程度になるまで7〜8分煮る。

Erika's advice
節約の定番、豚こま肉を使ったレシピです＼(^)/。ピリ辛でごはんがすすむ味！　豚肉に豊富に含まれるビタミンB1は糖質をエネルギーに変えるために必要な栄養素。不足するとエネルギーがうまく作られず、疲労の原因に。糖質を多くとったときはとくに、ビタミンB1の必要量が増すのでしっかりとる必要があります。

カロリー 1058kcal ／ 塩分 6.4g ／ 保存 4日間

CHAPTER 01 低カロ満足おかず

甘辛豚こんにゃく

☑ たんぱく質　☑ グルコマンナン

【材料】(2〜3人分)
豚バラ薄切り肉……200g
こんにゃく(アク抜きタイプ)……250g
しょうゆ……大さじ2
みりん、砂糖
　……各大さじ1
一味唐辛子……適宜

【作り方】
1　豚肉は食べやすい大きさに切る。こんにゃくは一口大に手でちぎる。
2　フライパンを油をひかずに中火で熱し、豚肉を入れて炒める。肉の色が半分変わったら、こんにゃくも入れて炒める。
3　しょうゆ、みりん、砂糖、水150㎖(分量外)を加えて、ときどき混ぜながら煮る。
4　汁気がほとんどなくなったらでき上がり。好みで一味唐辛子をふる。

Erika's advice
豚バラ肉は脂質が多めですが、うまみもたっぷり。低カロリーのこんにゃくと合わせてヘルシーに♪ 辛いのが好きな人は最後に一味唐辛子をふるのがおすすめです。こんにゃくはグルコマンナンという水溶性食物繊維が豊富です。腸に入ると水分を吸って膨らみ、食べ過ぎ予防、腸を刺激して便秘予防にも役立ちます。

カロリー 906kcal　塩分 5.4g　保存 4日間

豚肉としらたきの カリカリ炒め

☑ 食物繊維　☑ ビタミンB1　☑ スルフォラファン

【材料】(2〜3人分)
豚こま切れ肉……200g
しらたき……300g
A しょうゆ、砂糖
　……各大さじ1
　オイスターソース
　……大さじ1/2
　赤唐辛子(小口切り)
　……大さじ1/2
ブロッコリースプラウト
　……1株

【作り方】
1　しらたきは熱湯でさっとゆでてざるにあげ、食べやすい長さに切る。
2　フライパンを油をひかずに中火で熱し、豚肉を炒める。肉の色が半分変わったら、1を加える。
3　肉に火が通ったらAを加える。チリチリと音がしてくるので、あまり動かさずに、肉がカリカリになるまで焼きつける。食べるときに、ブロッコリースプラウトをわさっと盛る。

Erika's advice
カリッカリに焼いた豚肉と味のしみたしらたき♡ 疲労回復やスタミナアップ効果が期待できる豚肉に、食物繊維が豊富なしらたきを組み合わせて。仕上げてに添えたブロッコリースプラウトはブロッコリーの新芽で、スルフォラファンという成分が豊富。すぐれた抗酸化作用があり、ガン予防にも効果が期待できるといわれています。

カロリー 594kcal　塩分 3.8g　保存 2日間

47

豚こまと根菜のきんぴら風

低カロ 満足おかず

☑ 食物繊維　☑ タンニン　☑ β-カロテン

【材料】（2〜3人分）
- 豚こま切れ肉 …… 250g
- ごぼう、にんじん …… 各1/2本
- しょうゆ …… 大さじ1
- 砂糖 …… 小さじ2
- 赤唐辛子（小口切り）、白炒りごま …… 各適量
- サラダ油 …… 少々
- ごま油 …… 大さじ1/2

【作り方】
1　ごぼうは縦に4等分（細ければ2等分）にし、5cm長さに切る。にんじんはごぼうと同じ太さと長さに切る。
2　フライパンにサラダ油を中火で熱し、豚肉を焼く。火が通ったらいったん取り出す。
3　フライパンをキッチンペーパーなどで拭き、ごま油を中火で熱して1を炒める。水を大さじ1（分量外）加え、ふたをして約2分蒸し焼きにする。
4　ふたを取り、2、しょうゆ、砂糖、赤唐辛子を加えて汁気をとばしながら炒める。仕上げに炒りごまをふる。

Erika's advice

ごぼうやにんじんなど根菜類には食物繊維が豊富に含まれています。とくにごぼうにはとても多く、腸内環境を整えるほか、コレステロールを下げる効果もあります。またごぼうには、タンニンというポリフェノールが豊富。強い抗酸化作用があるのでアンチエイジング、生活習慣病の予防に効果があるといわれています。

| カロリー | 696kcal | 塩分 | 2.9g | 保存 | 4日間 |

豚肉ときゅうりの梅炒め

低カロ 満足おかず

☑ たんぱく質　☑ クエン酸　☑ カリウム

【材料】（2人分）
- 豚こま切れ肉 …… 250g
- きゅうり …… 2本
- 梅干し …… 2個
- しょうゆ、酒、みりん …… 各小さじ1
- 削り節 …… 適量
- サラダ油 …… 適量

【作り方】
1　豚肉はしょうゆと酒をふり、もみ込む。きゅうりは長さを3等分に、さらに縦4等分に切る。
2　梅干しは種を取って包丁でたたき、みりんと合わせる。
3　フライパンにサラダ油を中火で熱し、豚肉を炒める。肉の色が半分変わったら、きゅうりも加えて炒める。
4　肉に火が通ったら、2を加えて混ぜる。食べるときに削り節をのせる。

Erika's advice

こちらは夏におすすめの一品！　梅干しの酸味で、夏バテで食欲が落ちたときにも食べやすいですよ♪　生で食べることが多いきゅうりですが、実は炒め物にしても美味！　ジューシーな食感になっておいしいですよー！

| カロリー | 732kcal | 塩分 | 5.6g | 保存 | 2日間 |

CHAPTER 01 低カロ満足おかず

トマトの肉巻き

☑ リコピン　☑ たんぱく質　☑ ビタミンB1　☑ ビタミンC

【材料】(ミニトマト15個分)
- ミニトマト……15個
- 豚バラ薄切り肉(しゃぶしゃぶ用)……250g
- 酒……小さじ1
- 塩、こしょう……各少々
- 片栗粉……小さじ2
- A トマトケチャップ……大さじ3
  しょうゆ、砂糖……各小さじ2
- サラダ油……適量

【作り方】
1. 豚肉は、酒、塩、こしょうをふる。ミニトマトはヘタを取る。
2. トマトに豚肉を巻きつけ、全体に片栗粉をまぶす。
3. フライパンにサラダ油を中火で熱し、2を並べ、転がしながら焼く。肉に火が通ったら、合わせたAを加え、煮詰めながら全体にからめる。

Erika's advice
ミニトマトは、大きめサイズのものは食べにくいので半分に切ってもOKです。トマトに含まれるリコピンは強い抗酸化作用をもっています。血糖値を下げたり、美肌効果(コラーゲンの生成を促すため)もあるといわれています。熱に強いのと、油と一緒にとると吸収がよくなるので、油を使った加熱調理がおすすめ。加熱することで甘さとうまみもアップしておいしくなります。

カロリー 786kcal ／ 塩分 3.8g ／ 保存 4日間

豚こまときのこのゆずこしょう炒め

☑ 食物繊維　☑ たんぱく質

【材料】(3～4人分)
- 豚こま切れ肉……300g
- エリンギ……1パック
- しめじ……1株
- 酒……大さじ1
- 片栗粉……大さじ2
- しょうゆ……大さじ1
- 砂糖……大さじ1/2
- ゆずこしょう……小さじ1
- サラダ油……適量

【作り方】
1. 豚肉は酒をふり、片栗粉をまぶす。エリンギは薄切りにし、しめじは石づきを落としてほぐす。
2. フライパンにサラダ油を中火で熱し、豚肉を炒める。肉の色が半分変わったら、エリンギとしめじも加えて炒める。
3. 全体に火が通ったら、しょうゆ、砂糖、ゆずこしょうを加えて混ぜ、全体になじませる。

Erika's advice
豚こまにたっぷりきのこでボリューミーな一品です！ゆずこしょうの香りとピリッとした辛みがアクセント♪　きのこは低カロリーで食べごたえもあるので、料理のかさ増しとして大活躍。冷凍もOKなのでストックしておくと何かと便利ですよ＾＾　食物繊維が豊富なのでおなかの調子を整えてくれる働きも！

カロリー 484kcal ／ 塩分 4.1g ／ 保存 4日間

牛肉のトマト煮

低カロ満足おかず

☑ たんぱく質　☑ リコピン

【材料】（2〜3人分）
牛切り落とし肉 …… 250g
トマト …………… 2個
オイスターソース … 大さじ2

【作り方】
1　鍋に水1カップ（分量外）とオイスターソース、牛肉を入れて火にかける。
2　煮立ったら角切りにしたトマトも加えて15分ほど煮て、汁気がほとんどなくなったらでき上がり。

Erika's advice
トマトは抗酸化作用の強いリコピンを豊富に含んでいます。リコピンは熱に強く、加熱による損失がほとんどありません。加熱することで甘みも増すので、煮物や炒め物などにもおすすめです。

| カロリー | 1104kcal | 塩分 | 4.4g | 保存 | 4日間 |

CHAPTER 01 低カロ満足おかず

牛丼の素

☑ たんぱく質　☑ 食物繊維

【材料】(2〜3人分)
牛切り落とし肉 ………… 200g
しらたき(アク抜きタイプ)
　…………………………… 200g
玉ねぎ ………………… 1/2個
A だし汁 ………… 1/2カップ
　みりん ………………… 大さじ5
　しょうゆ ……………… 大さじ3

【作り方】
1　しらたきは食べやすい長さに切ってさっと洗う。玉ねぎはくし形に切る。
2　鍋にAと1を入れて火にかける。煮立ったらいったん火を止めて牛肉をほぐし入れ、再度火をつけ、肉に火が通ったらでき上がり。

Erika's advice

しらたきは100gあたり6Kcalと低カロリーで、水溶性食物繊維が豊富な食材です。カロリーが高くなりがちな牛丼も、しらたきを多めに使うことで満腹感を得られ、カロリーオフできます。牛肉は煮立っている鍋に入れるとほぐしにくいので、いったん火を止めてから加えます。

低カロ満足おかず

カロリー 1128kcal ｜ 塩分 8.1g ｜ 保存 4日間

51

牛肉とキャベツの塩レモン炒め

☑ たんぱく質　☑ ビタミンC　☑ ビタミンU　☑ 食物繊維

【材料】(2～3人分)
- 牛こま切れ肉 ………… 250g
- キャベツ ……………… 1/4個
- 片栗粉 ………………… 小さじ2
- 塩 ……………………… 小さじ1/2
- しょうゆ ……………… 少々
- レモン汁 ……………… 大さじ1
- 粗びき黒こしょう …… 適量
- サラダ油 ……………… 適量

【作り方】
1　キャベツはざく切りにする。牛肉は片栗粉をまぶす。
2　フライパンにサラダ油を中火で熱し、牛肉を炒める。
3　キャベツと塩を加え、ふたをして約5分蒸し焼きにする。
4　ふたを取り、水分を飛ばし、しょうゆとレモン汁を加えてさっと炒め、こしょうをふる。

Erika's advice
キャベツはビタミンCや食物繊維、ビタミンUなどが豊富です。蒸し焼きすることでカサが減り、食べやすくなるのでたくさんの量を食べられます。ビタミンCとビタミンUは熱に弱いので少なくなりますが、食物繊維をたっぷりとることができます。

低カロ
満足
おかず

| カロリー | 824kcal | 塩分 | 3.7g | 保存 | 3日間 |

CHAPTER 01 低カロ満足おかず

低カロ満足おかず

牛しゃぶ肉と水菜のごまみそサラダ

☑たんぱく質　☑ビタミンC　☑β-カロテン

【材料】(2〜3人分)
牛肉(しゃぶしゃぶ用)……200g
水菜……………………1/2束
にんじん………………1/3本
A みそ、砂糖、すりごま
　………………各大さじ2
　酢、みりん……各大さじ1

【作り方】
1　にんじんは皮をむき、せん切りにする。水菜は4cm長さに切る。
2　鍋に湯を沸かし、水菜をさっとくぐらせてざるに上げ、冷まして水気を絞る。同じ鍋で牛肉をゆで、火が通ったらざるに上げ、冷ます。
3　ボウルにAを入れて混ぜ、2、にんじんを入れて混ぜ合わせる。

Erika's advice

ビタミンCやβ-カロテンが豊富に含まれている水菜。下ゆでをすることでカサが減り、食べやすくなります。シャキッとした食感を残すためにゆで時間は控えめに、湯にくぐらせる程度で大丈夫です。

カロリー 905kcal　塩分 2.5g　保存 4日間

53

小松菜と牛肉のオイスター炒め

☑ たんぱく質　☑ 鉄　☑ ビタミンC

【材料】（2〜3人分）
牛こま切れ肉 …… 300g
小松菜 ………… 1束
A オイスターソース、
　しょうゆ、酒
　　　　…… 各大さじ1
　砂糖 ……… 小さじ2
　片栗粉 …… 小さじ1
　おろししょうが
　　　　…… 小さじ2/3
サラダ油 ………… 適量

【作り方】
1　小松菜は4cm長さに切る。
2　フライパンにサラダ油を中火で熱し、牛肉を炒める。だいたい火が通ったら1を加えて1分ほど炒める。
3　合わせたAを加えて炒め、とろみがついたらでき上がり。

Erika's advice
鉄分が豊富な小松菜と牛肉を使いました！　食品に含まれる鉄には2種類あり、牛肉など動物性食品にはヘム鉄が、小松菜など野菜や穀物には非ヘム鉄が含まれます。吸収率は非ヘム鉄よりヘム鉄のほうが5倍も高いそう。ただ小松菜には非ヘム鉄の吸収を高めるビタミンCも含まれているため、効率的に鉄分をとることができます。鉄不足になると、貧血だけではなく、免疫力が低下したり、鬱など精神面にも影響を及ぼすともいわれています。

カロリー 919kcal ｜ 塩分 5.0g ｜ 保存 4日間

牛肉のしょうが煮

☑ たんぱく質　☑ 鉄

【材料】（2〜3人分）
牛こま切れ肉 …… 300g
しょうが ………… 50g
A しょうゆ、砂糖、酒
　　　　…… 各大さじ3

【作り方】
1　しょうがは皮をむきせん切りにする。
2　鍋に1とA、牛肉を入れて火にかけ、牛肉をほぐしながら加熱する。沸騰したら弱めの中火で2〜3分煮る。

Erika's advice
体を温めてくれる効果があるといわれる、しょうが。体の冷えは免疫力低下や肌荒れ、肩こりなどを招く原因にもなるので、積極的にとりたいですね！　体も温まるし、しょうがの風味で食欲がかきたてられる、おいしい一品です^^。

カロリー 977kcal ｜ 塩分 8.1g ｜ 保存 4日間

CHAPTER 01 低カロ満足おかず

ふわふわ鶏団子

低カロ満足おかず

☑ たんぱく質

【材料】(15個程度)
鶏ひき肉 ………… 260g
卵 ………………… 1個
塩麹、片栗粉
 ………… 各大さじ1

【作り方】
1　ボウルにすべての材料を入れ、よくこねる。
2　鍋にたっぷりの湯を沸かし、スプーンを2つ使って1を団子状に丸め、鍋に落としてゆでる(鍋やスープに使う場合は、スープに直接入れてゆでてもOK)。中まで火が通ったらでき上がり。

Erika's advice

材料4つをただ混ぜるだけのシンプルなレシピですが、うまみたっぷりの塩麹がいい仕事をします。スープや鍋の具材に使っても。ケチャップとソースを混ぜたたれをからめれば、即席ミートボールもできちゃいます。冷凍もできるので、作りおきしておくと何かと便利ですよ。

| カロリー | 610kcal | 塩分 | 0.5g | 保存 | 4日間 |

えのきバーグ

☑ たんぱく質　☑ β-グルカン

低カロ
満足
おかず

【材料】（6個分）
- 合いびき肉 …………… 300g
- えのきだけ …………… 1袋
- A 片栗粉 ………… 大さじ1
  - しょうゆ、砂糖
    ……………… 各小さじ2
- 酒 …………………… 大さじ1
- サラダ油 ……………… 適量

【作り方】
1 えのきだけは石づきを落とし、1cm長さに刻む。
2 ボウルに1、ひき肉、Aを入れてよく練り混ぜる。
3 フライパンにサラダ油を薄く塗り、2を俵形に整えて、並べる。並べ終わったら火をつけて中火で焼く。
4 片面が焼けたら上下を返し、酒を加えてふたをして蒸し焼きにする。中まで火が通ったらでき上がり。

Erika's advice

卵やパン粉を使わずに作るえのきバーグです。えのきだけの食感がアクセントになって、歯ごたえが楽しい一品。おろしポン酢を添えて食べるのもおすすめです。上下を返してから蒸し焼きにすることで、中までしっかり火を通すとともに、ふっくら仕上げることができます。えのきだけには食物繊維の一種、β-グルカンが豊富で、腸内環境を整えて便秘を防ぐのに役立ちます。

カロリー 940kcal ｜ 塩分 2.0g ｜ 保存 4日間

簡単ミートソース

☑ たんぱく質 ☑ リコピン

【材料】(作りやすい分量)
- 合いびき肉 ……… 300g
- 玉ねぎ ……………… 1個
- しいたけ …………… 4個
- A トマトの水煮缶詰 …… 1缶
  - トマトケチャップ …… 大さじ3
  - 砂糖 …………… 大さじ1
  - 固形コンソメスープの素 …… 1個
- 塩、こしょう ……… 各少々
- (あれば)ローリエ …… 1枚

【作り方】
1. 玉ねぎ、しいたけはみじん切りにする。
2. フライパンを中火で熱し、ひき肉と1を入れて炒める。
3. A、あればローリエを加えて5分煮て、塩、こしょうで味をととのえる。

Erika's advice

ミートソースはたんぱく質と野菜やきのこを手軽にたくさんとれるので、栄養バランスが整いやすいメニューです。冷蔵庫に残っているほかの野菜を加えても◎。いろいろな野菜を使ってアレンジしてみてください。

低カロ満足おかず

カロリー 969kcal　塩分 4.9g　保存 5日間

ブロッコリーのドライカレー

☑ β-カロテン ☑ 食物繊維 ☑ カリウム

| カロリー | 921kcal | 塩分 | 4.1g | 保存 | 4日間 |

【材料】（4人分）
- 合いびき肉 … 250g
- ブロッコリー … 1株
- 玉ねぎ … 1/2個
- A カレー粉 … 大さじ1と1/2
-   おろしにんにく、おろししょうが … 各小さじ1/2
-   トマトケチャップ … 大さじ3
-   中濃ソース … 大さじ1
-   砂糖 … 小さじ2
-   水 … 100ml
- 塩、こしょう … 各少々

【作り方】
1 ブロッコリーは粗みじん切りにし、耐熱容器に入れてふんわりラップをかけ、電子レンジで3分加熱する。玉ねぎはみじん切りにする。

2 フライパンにひき肉と玉ねぎを入れて中火で炒める。肉の色がほとんど変わったらブロッコリーも加えて1分ほど炒める。

3 Aを加え、2～3分煮て、塩、こしょうで味をととのえる。

Erika's advice

カレーは野菜やたんぱく質を一品でとることができるので、栄養バランスが整いやすいメニュー。ブロッコリーはβ-カロテンや食物繊維、カリウム、ビタミンCなど豊富な栄養を含んでいます。ドライカレーは煮込む時間が少ないから、短時間でできるのもうれしいポイント。辛さは控えめなので、辛いのが好きな人はガラムマサラやチリペッパーを追加してみてください。

簡単☆豆腐バーグ

☑ たんぱく質 ☑ 大豆イソフラボン

| カロリー | 658kcal | 塩分 | 3.4g | 保存 | 4日間 |

【材料】（2～3人分）
- 鶏ひき肉 … 250g
- 木綿豆腐 … 1/2丁
- 玉ねぎ … 1/4個
- 麺つゆ（3倍濃縮） … 大さじ2
- サラダ油 … 適量

【作り方】
1 玉ねぎはみじん切りにする。豆腐は手で軽く水気を絞る。

2 ボウルに1とひき肉、麺つゆを入れて、手で豆腐を崩しながら粘りが出るまでよく混ぜる。

3 フライパンにサラダ油を引き、2を俵形に整えて並べる（まだ火はつけない）。

4 全部並べたら火をつけ、中火で焼く。焼き目がついたら上下を返し、ふたをして火が通るまで3分ほど焼く。

Erika's advice

豆腐の原料である大豆は「畑の肉」と呼ばれるほど栄養豊富。基本的に豆類には糖質が多くたんぱく質が少なめですが、大豆は例外で、良質なたんぱく質が豊富に含まれています。そして脂質は少なく低カロリーなので、豆腐はダイエット中にもうれしい食材です。大豆イソフラボンという女性ホルモンと似た働きをする成分も含まれていて、美肌効果や骨粗しょう症の予防に役立ちます。

CHAPTER 01 低カロ満足おかず

スタミナ豚つくね

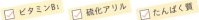
☑ ビタミンB₁ ☑ 硫化アリル ☑ たんぱく質

【材料】（2〜3人分）
豚ひき肉 …………… 300g
にら ………………… 1束
にんにく …………… 2かけ
しょうが …………… 1かけ
A 酒、片栗粉
　　……………各大さじ1
　しょうゆ、砂糖
　　……………各小さじ2
酒 …………… 小さじ1
B しょうゆ、みりん、酒
　　……………各大さじ1
　砂糖、
　オイスターソース
　　…………各大さじ1/2
サラダ油 ………… 適量

【作り方】
1　にらは1cm長さに切る。にんにくとしょうがはみじん切りにする。
2　ボウルにひき肉、1、Aを入れてよく練り混ぜ、8等分にして、俵形に整える。
3　フライパンにサラダ油を中火で熱し、2を並べ、焼く。焼き目がついたら上下を返し、酒小さじ1を加え、ふたをして3分蒸し焼きにする。
4　ふたを取り、水分を飛ばし、合わせたBを加えて煮詰めながら全体にからめる。

Erika's advice

にらを1束使ったスタミナ満点のつくねです(^^)。豚肉&にらはスタミナアップに最適な組み合わせなので、最近疲れぎみだなぁという人は、ぜひ作ってみてくださいね♪

カロリー 966kcal ／ 塩分 5.7g ／ 保存 4日間

☑ たんぱく質 ☑ β-カロテン ☑ 鉄

小松菜たっぷり鶏そぼろ

【材料】（2〜3人分）
小松菜 …… 1束（240g）
鶏ひき肉 …………… 200g
A しょうゆ、みそ、砂糖、
　みりん … 各大さじ1
　おろししょうが
　　………………小さじ1

【作り方】
1　小松菜はみじん切りにする。
2　フライパンを中火で熱し、1を入れ、から炒りする。
3　水分がとんだらひき肉とAを加え、汁気がとぶまで炒める。

Erika's advice

小松菜はβ-カロテン、ビタミンC、ビタミンB群、カルシウム、鉄など、さまざまな栄養素を豊富に含んだ栄養価の高い野菜♪　この鶏そぼろはなんと小松菜1束分を使いました！　ごはんにのせたり野菜にかけたり、忙しい朝などにも手軽に栄養補給できるのでおすすめです♪

カロリー 538kcal ／ 塩分 4.0g ／ 保存 4日間

豆腐そぼろ

☑ たんぱく質　☑ 大豆イソフラボン

低カロ
満足
おかず

【材料】(作りやすい分量)
木綿豆腐 …………… 1丁
A しょうゆ、みりん
　　………… 各大さじ2
　砂糖 ………… 大さじ1

【作り方】
1　豆腐はしっかり水きりをする。
2　フライパンに1を入れ、泡立て器でつぶしながら炒める。
3　水分がとんだらAを加え、汁気がなくなるまで炒める。

Erika's advice

見た目も食感もお肉！な、豆腐を使ったそぼろです。ポイントは豆腐の水分をしっかりとばすこと。調味料がしっかりしみておいしくなりますよ♪　豆腐は良質なたんぱく質、大豆イソフラボン、カルシウムも豊富でヘルシーな食材。そぼろにすれば活用の幅も広がります♪

カロリー 363kcal　塩分 5.5g　保存 4日間

CHAPTER 01 低カロ満足おかず

白だしで☆高野豆腐の煮物

☑ たんぱく質　☑ カルシウム　☐ 鉄

【材料】(2〜3人分)
高野豆腐 ………… 2枚
白だし ……… 大さじ2
みりん ……… 大さじ3

【作り方】
1　高野豆腐は戻して手で挟むようにして水気を絞り、6等分にカットする。
2　鍋に水2カップ(分量外)、白だし、みりんを入れて煮立たせ、1を加えて落としぶたをして15分煮る。

Erika's advice

高野豆腐の原料である大豆は、「畑の肉」と呼ばれるほど良質なたんぱく質が豊富。たんぱく質は髪、爪、内臓、血液など体のあらゆる部分を作るために必要な栄養素です。高野豆腐は、ほかにもカルシウム、鉄などの栄養素を豊富に含み、乾物なので常温で長く保存ができるのでストックしておけば毎日のごはん作りに役立ちます。

低カロ満足おかず

カロリー 326kcal　塩分 4.3g　保存 4日間

豆腐のしょうが焼き

☑ たんぱく質　☑ ジンゲロン　☑ カルシウム

【材料】（2人分）
木綿豆腐……………1丁
しょうが……………1かけ
A しょうゆ、酒
　　　　……各大さじ1
　砂糖……小さじ2
サラダ油……………適量

【作り方】
1 豆腐はしっかり水きりして、一口大に切る。
2 しょうがは皮をむき、せん切りにする。
3 フライパンにサラダ油を中火で熱し、**1**を並べて両面焼く。合わせた**A**と**2**を加え、豆腐にからめる。

Erika's advice

味のしみた豆腐にしょうがのピリッとした辛さと風味がたまらない♪ 豚のしょうが焼きより断然ヘルシー！ 豆腐の原料である大豆は、「畑の肉」と呼ばれるほど栄養豊富。低脂質、低カロリーでありながら、良質なたんぱく質を含んでいてダイエットにもおすすめ。大豆にもカルシウムが含まれているので、ふだん乳製品をとらない人は、カルシウム補給に大豆製品を食べるといいですよ。

| カロリー | 310kcal | 塩分 | 2.9g | 保存 | 3日間 |

ゴーヤーと厚揚げのみそ炒め

☑ たんぱく質　☑ 大豆イソフラボン　☑ カルシウム

【材料】（2人分）
ゴーヤー……………1/2本
厚揚げ………………1枚
A みそ……大さじ2
　砂糖、酒
　　　　……各大さじ1
　おろししょうが
　　　　……小さじ1/2
サラダ油……………適量

【作り方】
1 ゴーヤーは種とわたを取り、薄切りにする。厚揚げは一口大に切る。
2 フライパンにサラダ油を中火で熱し、ゴーヤーを2～3分炒める。
3 厚揚げを加え、さらに2分ほど炒め、合わせた**A**を加えて炒め合わせる。

Erika's advice

苦みが特徴のゴーヤー！ その苦味成分には血糖値を下げる作用、食欲増進作用など健康にうれしい効果があるといわれています。苦みが苦手という方は、軽く塩もみしてから使うと苦みが和らぎますよ。

| カロリー | 475kcal | 塩分 | 2.2g | 保存 | 2日間 |

CHAPTER 01 低カロ満足おかず

厚揚げと大根の みそ煮込み

☑ たんぱく質　☑ 大豆イソフラボン　☑ カルシウム

【材料】（2～3人分）
厚揚げ……2枚（160g）
大根………5cm程度
A みそ、みりん
　…各大さじ1と1/2
　砂糖………大さじ1
　しょうゆ
　　………大さじ1/2
　水…………80ml
細ねぎ、七味唐辛子
　………各適宜

【作り方】
1　厚揚げはキッチンペーパーで余分な油を拭き取り、一口大に切る。
2　大根は皮をむき、四つ割りにして1cm厚さのいちょう切りにする。耐熱容器に入れてふんわりとラップをかけて電子レンジで5分加熱する。
3　フライパンに**A**を入れて中火にかけ、煮立ったら**1**と**2**を加える。
4　スプーンでときどき煮汁をかけながら、汁気がほとんどなくなるまで煮詰める。好みで小口切りにした細ねぎと七味唐辛子をふる。

カロリー 414kcal　塩分 3.0g　保存 4日間

Erika's advice

厚揚げには意外にもカルシウムが豊富です。カルシウムは骨や歯を作るために必要な栄養素ですが、神経伝達にも関わっていて不足するとイライラしやすくなるともいわれています。揚げているぶん、豆腐よりはカロリーが高いですが、表面の油を拭き取るか、さっと湯通ししてから使うとカロリーダウンできます。

厚揚げのほっこり煮

☑ たんぱく質　☑ 大豆イソフラボン　☑ カルシウム

【材料】（2人分）
厚揚げ……2枚（160g）
A 麺つゆ（3倍濃縮）
　…………大さじ3
　みりん……大さじ2
　水…………200ml

【作り方】
1　厚揚げは一口大に切り、さっとゆでて油抜きをする。
2　**A**を鍋に入れて煮立たせ、厚揚げを入れ、落としぶたをして弱火で約5分煮る。
3　落としぶたを取り、さらに約5分煮る。

カロリー 371kcal　塩分 4.5g　保存 4日間

Erika's advice

厚揚げにはたんぱく質やカルシウムなどのミネラルが豊富です。また、女性ホルモンのエストロゲンに似た働きをする大豆イソフラボンも含み、美肌や骨粗しょう症予防に役立ちます。油で揚げているぶん、普通の豆腐にくらべてカロリーは高めですが、食べごたえがあるので、食べすぎにはつながりにくいでしょう。

ブロッコリーの卵サラダ

低カロ満足おかず

☑ ビタミンC　☑ β-カロテン　☑ 食物繊維　☑ スルフォラファン

【材料】（3人分）
- ブロッコリー……1個
- 卵……3個
- A マヨネーズ……大さじ3
- 　粒マスタード……大さじ1/2
- 　塩、こしょう……各少々

【作り方】
1　ブロッコリーは小房に分け、ゆでる。
2　卵はかためにゆで、殻をむきボウルに入れ、フォークまたは泡立て器でつぶす。
3　Aを加えて混ぜ合わせ、1も加えて混ぜる。

Erika's advice
ブロッコリーにはビタミンC、β-カロテン、食物繊維などが豊富です。強力な抗酸化作用をもつスルフォラファンも豊富で、がんの予防にも効果があるといわれています。

カロリー 530kcal ／ 塩分 2.6g ／ 保存 3日間

CHAPTER 01 低カロ満足おかず

低カロ
満足
おかず

にんじんチャンプルー

☑ β-カロテン

【材料】（2～3人分）
にんじん............1本
卵..................2個
しょうゆ、砂糖....各大さじ1
削り節..............適量
サラダ油............適量

【作り方】
1　にんじんは皮をむき、せん切りにする。
2　フライパンにサラダ油を中火で熱し、1を炒める。しんなりとしたらしょうゆと砂糖を加える。
3　溶きほぐした卵をまわし入れて炒め、卵に火が通ったら削り節を加えてさっと混ぜる。

Erika's advice

にんじんのオレンジ色はβ-カロテンという栄養素によるもので、抗酸化作用や、ビタミンAに変わって目や粘膜の健康を保つのに役立っています。β-カロテンは脂溶性のため、油と一緒にとることで吸収がよくなります。

カロリー 301kcal　塩分 3.2g　保存 4日間

たっぷりキャベツのキッシュ

☑食物繊維　☑たんぱく質

【材料】(18×18cmの型1個分)
- キャベツ……1/4個
- 卵……3個
- しめじ……1/2パック
- ソーセージ……3本
- A 牛乳……150ml
  - 粉チーズ…大さじ1
  - 塩、こしょう……各少々
- シュレッドチーズ……適量
- バター……10g

【作り方】
1　キャベツは粗めのせん切り、しめじは石づきを落とし、ほぐす。ソーセージは薄切りにする。
2　耐熱皿に薄くバター(分量外)を塗っておく。
3　フライパンにバターを中火で溶かし、1を炒める。キャベツがしんなりとしたら火からおろし、2に入れる。
4　ボウルに卵を割り入れ、Aを入れて混ぜる。3に流し入れ、シュレッドチーズをのせる。
5　200℃に予熱したオーブンで、30分程度チーズに焼き色がつくまで焼く。

カロリー 683kcal　塩分 3.2g　保存 3日間

Erika's advice
パイなしだから、とっても簡単でヘルシー。キッシュは卵のたんぱく質はもちろん、たくさんの野菜をとることができるので、栄養バランスが整いやすいメニュー。キャベツをたっぷり使うことで食べごたえをアップしつつ、カロリーを抑えることができます。

ねぎとさばみそのオープンオムレツ

☑たんぱく質

【材料】(3〜4人分 <10×20cmの型1個分>)
- 卵……4個
- さばのみそ煮缶詰……1缶
- 細ねぎ……適量
- シュレッドチーズ……適量

【作り方】
1　ボウルに卵を割りほぐし、缶汁をきったさばを加えてほぐしながら混ぜる。
2　型に入れ、小口切りにした細ねぎを散らす。
3　200℃に予熱したオーブンで25分焼く。

カロリー 713kcal　塩分 3.2g　保存 3日間

Erika's advice
オープンオムレツは手軽に野菜とたんぱく質をとれて、栄養バランスのよいメニューです。具材はトマト、ほうれん草、キャベツ、ソーセージなど、なんでもあり！　あり合わせの食材でも満足度の高い一品を作ることができます。オーブンの加熱時間は様子をみて調節してください。また、あらかじめ型にクッキングシートを敷いておくと、取り出しやすいです。

CHAPTER 01 低カロ満足おかず

| カロリー | 653kcal | 塩分 | 9.9g | 保存 | 5日間 |

低カロ満足おかず

半熟煮卵

☑ たんぱく質

【材料】(卵6個分)
卵‥‥‥‥‥6個
A しょうゆ、みりん、水
　‥‥‥‥各100mℓ
　酢‥‥‥‥大さじ2

【作り方】
1　鍋に湯を沸かし、沸騰したら卵を入れて6分30秒ゆでる。
2　卵を冷水にとり、殻をむく。
3　保存容器に入れてAを加え、一晩から一日おく。

バリエーション

3種の半熟煮卵

【材料】(卵4個分／各味)
ゆで卵‥‥‥4個

●カレーマリネ味
カレー粉‥大さじ1/2
酢‥‥‥‥‥100mℓ
砂糖‥‥‥‥大さじ2
塩‥‥‥‥小さじ1/3

●ピリ辛豆板醤味
豆板醤、しょうゆ、砂糖‥各小さじ2
顆粒鶏ガラスープの素、
　おろしにんにく‥‥各小さじ1/2
水‥‥‥‥‥‥‥‥‥‥100mℓ

●塩麹味
塩麹‥大さじ1と1/2

【作り方】
半熟にゆでた卵を好みの味の材料で漬ける。

Erika's advice

半熟ゆで卵の作り方のポイントは3つ！❶ゆで時間は沸騰した湯で6分半、❷卵は冷蔵庫から出したばかりのものを使う、❸ひび割れを防ぐために、殻は厚めで丈夫そうなものを選ぶ、ということです。また、漬け汁から卵の表面が出てしまう場合は、キッチンペーパーをかぶせておくときれいに漬かります。漬けすぎると味が濃くなってしまうので、ちょうどよい味加減になったら漬け汁から取り出します。

鮭ときのこのにんにくしょうゆ

☑ たんぱく質　☑ DHA・EPA　☑ 食物繊維　☑ ビタミンD

低カロ
満足
おかず

【材料】(3人分)
- 生鮭(切り身)……3切れ
- しめじ……1/2パック
- えのきだけ……1/2袋
- 片栗粉……適量
- A みりん……大さじ2
- 　しょうゆ……大さじ1と1/2
- 　おろしにんにく……小さじ1
- 細ねぎ……適量
- バター……10g

【作り方】
1　しめじとえのきだけは石づきを落とし、ほぐす。鮭は食べやすい大きさに切り、片栗粉をまぶす。
2　フライパンを中火で熱してバターを溶かし、鮭を並べる。片面が焼けたら上下を返し、しめじとえのきだけを加えてふたをして弱火で2分30秒、蒸し焼きにする。
3　合わせたAを加えて全体にからめ、小口切りにした細ねぎを散らす。

Erika's advice

きのこには食物繊維やビタミンDが豊富に含まれています。ビタミンDにはカルシウムの吸収を高める働きがあるので、カルシウムの多い食品ととるのもおすすめ。きのこは低カロリーで食べごたえもあるので、料理のかさ増しにも活躍します。

カロリー 569kcal　塩分 4.8g　保存 4日間

CHAPTER 01 低カロ満足おかず

塩さばのカレー焼き

☑ たんぱく質　　☑ DHA・EPA　　☑ ビタミンD

【材料】（3人分）
塩さば（切り身）……… 3切れ
A 薄力粉………… 大さじ1/2
｜カレー粉……… 小さじ1
オリーブオイル ……… 適量

【作り方】
1　塩さばは、合わせたAをまぶす。
2　フライパンにオリーブオイルを中火で熱し、1を並べ、両面焼き色がつくまで焼く。

低カロ
満足
おかず

Erika's advice

さばにはたんぱく質、DHA・EPA、ビタミンDなどの栄養素が豊富に含まれます。塩さばは塩がしてあるのでそのままでも食べられますが、カレー粉をまぶすだけでも手軽にアレンジができ、いつもと違う味わいを楽しめます。

| カロリー | 760kcal | 塩分 | 4.3g | 保存 | 4日間 |

69

鮭とブロッコリーのみそマヨ炒め

☑ β-カロテン　☑ ビタミンC　☑ スルフォラファン

【材料】（5人分）
- 生鮭(切り身)……5切れ
- ブロッコリー……1個
- 塩、こしょう……各少々
- じゃがいも………2個
- 薄力粉…………小さじ2
- A みそ…………大さじ3
  - マヨネーズ、みりん……各大さじ2
- コーン缶詰……1/2缶
- サラダ油……大さじ1/2

【作り方】
1. 鮭は一口大に切り、塩、こしょうをふる。
2. ブロッコリーは小房に分ける。じゃがいもは皮をむき、半月切りにし、耐熱容器に入れてふんわりラップをかけ、電子レンジで2分加熱する。
3. 1の両面に薄力粉を薄くまぶし、サラダ油を中火で熱したフライパンで焼き、焼き目がついたら上下を返し、2も加える。
4. 合わせたAをかけ、ふたをして約8分蒸し焼きにする。
5. ふたを取り、ざっくりと混ぜ、汁気がとぶまで炒めて最後にコーンを加えて混ぜる。

Erika's advice
鮭は調理する前に骨をできるだけ取っておくと、あとで食べやすいです(^^)。ブロッコリーには、β-カロテンやビタミンCだけでなく、がんを予防する効果があるといわれているスルフォラファンという成分が含まれています。

カロリー 664kcal ｜ 塩分 5.0g ｜ 保存 4日間

ぶりの黒酢照り焼き

☑ クエン酸　☑ たんぱく質　☑ DHA・EPA

【材料】（4人分）
- ぶり(切り身)……4切れ
- 片栗粉……………適量
- A 黒酢……………大さじ2
  - しょうゆ、砂糖……各大さじ1と1/2
- サラダ油…………適量

【作り方】
1. ぶりは両面に片栗粉を薄くまぶし、サラダ油を中火で熱したフライパンで両面焼く。
2. 合わせたAを加えて、煮詰めながら全体にからめる。

Erika's advice
ぶりといえば照り焼きだけど、黒酢を足してもおいしい(o^^o)。普通のお酢にはない芳醇な香りとまろやかな味わい♡　ぶりには、青魚に含まれるDHAやEPAが豊富。血液サラサラ効果や脳の機能を向上して記憶力アップにも効果があるといわれています。黒酢には、疲労回復に役立つクエン酸が含まれています。

カロリー 976kcal ｜ 塩分 4.2g ｜ 保存 4日間

CHAPTER 01 低カロ満足おかず

レモン香る☆ ししゃもの南蛮漬け

☑ カルシウム　☑ クエン酸

【材料】（2〜3人分）
- ししゃも……………10尾
- 玉ねぎ……………1/2個
- にんじん……………1/3本
- 片栗粉………………適量
- **A** レモン汁……大さじ3
- 　しょうゆ、砂糖
- 　　　　…………各大さじ2
- 　水………………100mℓ
- 赤唐辛子（小口切り）、
- 　細ねぎ………各適量
- サラダ油……………適量

【作り方】
1. 玉ねぎは薄切り、にんじんはせん切りにする。
2. 耐熱容器に**A**を入れて電子レンジで1分加熱し、**1**と赤唐辛子を加える。
3. ししゃもは片栗粉をまぶし、サラダ油を中火で熱したフライパンで両面焼く。保存容器に入れて、**2**をかける。
4. 小口切りにした細ねぎを散らす。

Erika's advice
骨までまるごと食べられるししゃもは、豊富なカルシウムを含んでいます。カルシウムは骨や歯を丈夫にするために必要な栄養素。ししゃもにはカルシウムとともに骨を丈夫にする効果があるマグネシウムも豊富に含まれます。また、レモンに含まれるクエン酸にはカルシウムの吸収を高める働きがあります。

| カロリー | 580kcal | 塩分 | 8.3g | 保存 | 4日間 |

めかじきとアボカドの マスマヨ和え

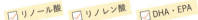
☑ リノール酸　☑ リノレン酸　☑ DHA・EPA

【材料】（4人分）
- めかじき（切り身）
- 　　……4切れ（250g）
- アボカド………………1個
- 塩、こしょう……各少々
- **A** マヨネーズ
- 　　　　…………大さじ1
- 　粒マスタード
- 　　　　…………小さじ2
- 　レモン汁、はちみつ
- 　　　　…………各小さじ1
- サラダ油………………適量

【作り方】
1. めかじきは2cm角に切り、塩、こしょうをふる。
2. アボカドは皮と種を取り、めかじきと同じぐらいの大きさに切る。
3. フライパンにサラダ油を中火で熱し、**1**を両面焼く。
4. ボウルに**2**、**3**、合わせた**A**を入れて混ぜる。

Erika's advice
めかじきがふわふわで、アボカドがとろけて、マスマヨもおいしくて、ぜひ作ってみてほしいです。めかじきもアボカドも「良質な脂質」たっぷり♪ めかじきには血液サラサラ効果のあるDHAやEPAが含まれ、アボカドには、血中のコレステロール濃度を下げるリノール酸やリノレン酸が豊富。これらは体内で合成できない栄養素なので、食べ物からとる必要があります。

| カロリー | 717kcal | 塩分 | 1.7g | 保存 | 3日間 |

71

鶏とこんにゃくの煮物

低カロ 満足 おかず

☑ たんぱく質　☑ グルコマンナン　☑ カルシウム　☑ カリウム

【材料】（2〜3人分）

- 鶏もも肉 …………… 1枚
- こんにゃく ……… 1枚（250g）
- A みそ ……………… 大さじ2
- みりん …………… 大さじ1
- 砂糖 …………… 大さじ1/2
- しょうゆ、おろししょうが
  ………………… 各小さじ1
- サラダ油 ……………… 適量

【作り方】

1. 鶏肉は一口大に切る。
2. こんにゃくは一口大にスプーンでちぎり、熱湯でさっとゆでてざるに上げる。
3. フライパンにサラダ油を中火で熱し、1を焼き色がつくまで炒め、2も加えてさっと炒める。
4. Aと水100㎖（分量外）を加え、弱火で煮汁が少なくなるまで煮る。

Erika's advice

こんにゃくは100gあたり7Kcalと低カロリーな食材です。水溶性食物繊維のグルコマンナンが豊富で、腸に入ると水分を吸って膨らむ性質があります。そのため満腹感を高め、食べすぎを防止するのに役立ちます。そのほかカルシウムやカリウムなども多く含まれます。

カロリー 909kcal ｜ 塩分 3.8g ｜ 保存 4日間

しらたきとむね肉のバンバンジーサラダ

☑ たんぱく質　☑ グルコマンナン　☑ リノール酸　☑ オレイン酸　☑ ゴマリグナン

【材料】(2〜3人分)
- しらたき……1パック(200g)
- 鶏むね肉……………1/2枚
- きゅうり………………1本
- 酒………………大さじ1
- A 白練りごま………大さじ2
- 　白すりごま、しょうゆ、砂糖、酢………各大さじ1
- 　豆板醤…………小さじ1/2

【作り方】
1　きゅうりはせん切りにして塩少々(分量外)をふり、水気を絞る。しらたきはさっとゆでてざるに上げ、水気をきる。
2　鶏肉は耐熱容器に入れて酒をふり、ふんわりとラップをかけて電子レンジで1分30秒加熱する。粗熱がとれたら手やフォークで繊維に沿ってほぐし、皮はせん切りにする。
3　ボウルにAを入れて混ぜ、1、2を加えてさらに混ぜる。

低カロ満足おかず

Erika's advice
ごまにはリノール酸やオレイン酸といった脂質が豊富です。これらはコレステロール値や中性脂肪値を下げる働きがあるといわれています。ごまには強い抗酸化作用のあるゴマリグナンも豊富です。ごまはかたい皮に包まれているので、そのままよりも、すったり練ったりしたほうが栄養素の吸収がよくなります。

カロリー	塩分	保存
696kcal	3.2g	3日間

ささみとしらたきの塩昆布和え

☑ たんぱく質　☑ ビタミンA　☑ グルコマンナン

【材料】(2人分)

しらたき …… 1パック(200g)
鶏ささみ肉 …………… 2本
酒 ………………… 大さじ1
塩昆布 ………………… 10g

【作り方】

1　しらたきはさっとゆでて粗熱をとり、食べやすい長さに切って水気を絞る。

2　ささみは耐熱容器に入れて酒をふり、ふんわりとラップをかけて電子レンジで2分加熱する。粗熱がとれたら繊維に沿ってほぐし、蒸して出た肉汁にひたす。

3　ボウルに1、2、塩昆布を入れ、混ぜ合わせる。

Erika's advice

鶏ささみ肉は脂肪分が少なく、たんぱく質が豊富に含まれています。ビタミンAも豊富で、皮膚や目の健康を守るのに役立ちます。ささみ、しらたきはともに低カロリー食材なので、ダイエット中にも安心して食べられるメニューです。

| カロリー | 261kcal | 塩分 | 2.0g | 保存 | 4日間 |

CHAPTER 01 低カロ満足おかず

無限こんにゃく

☑ カルシウム　☑ カリウム　☑ グルコマンナン

【材料】(2〜3人分)
こんにゃく(アク抜きタイプ)……500g
にんにく……3かけ
ごま油……大さじ1/2
麺つゆ(3倍濃縮)……小さじ2
塩……少々
粗びき黒こしょう……適量

【作り方】
1　こんにゃくはさっと洗い、一口大に手でちぎる。
2　にんにくは薄切りにする。
3　フライパンに1を入れ、空炒りする。水分がとんだら、ごま油と2を加えて炒める。
4　こんにゃくに焦げ目がつく程度まで炒めたら、麺つゆを加えて汁気がなくなるまで炒め、塩、こしょうをふる。

Erika's advice
こんにゃくはグルコマンナンを豊富に含んでいます。グルコマンナンは水溶性の食物繊維で、腸の中で膨らんで、満腹感を高めて食べすぎを防止する効果があります。腸内環境を整えて便秘改善や血糖値の急上昇を防ぐ働きも。そのほか、カルシウムや高血圧改善に役立つカリウムも含んでいます。

| カロリー | 131kcal | 塩分 | 1.6g | 保存 | 3日間 |

しらたきチャプチェ

☑ グルコマンナン　☑ β-カロテン　☑ ピラジン

【材料】(2人分)
しらたき……180g
玉ねぎ……1/2個
ピーマン……3個
にんじん……1/3本
ツナ缶詰……1缶
A　しょうゆ、砂糖、酒……各大さじ1
　　顆粒鶏ガラスープの素……小さじ2
白炒りごま……適量
ごま油……適量

【作り方】
1　しらたきは熱湯でさっとゆで、食べやすい長さに切る。
2　玉ねぎは薄切り、ピーマンとにんじんは細切りにする。
3　フライパンにごま油を中火で熱し、2を炒める。
4　野菜がしんなりとしたら、1と缶汁をきったツナを加える。
5　Aを加え、2分ほど炒めて仕上げに炒りごまをふる。

Erika's advice
しらたきは100gあたり6kcalと、とても低カロリー。水溶性食物繊維のグルコマンナンが豊富なので腸の働きを整えてくれる効果も。また腸の中で水を吸って膨らむので、満腹感を得られる効果もあります。ピーマンはビタミンCやβ-カロテンが豊富で、血液サラサラ効果のあるピラジンという成分も含まれています。

| カロリー | 216kcal | 塩分 | 4.3g | 保存 | 4日間 |

作りおきにプラス
スープレシピ ❶

野菜を使ったスープのレシピを紹介します。ふだんのみそ汁とくらべれば多少手はかかりますが、作り方は簡単。余裕があるときにぜひ試してみてください。

にんじんのポタージュ

【材料】（4人分）
- にんじん ……………………… 2本
- 玉ねぎ ………………………… 1個
- 牛乳 …………………………… 250㎖
- 塩 ………………………… 小さじ2/3〜1
- こしょう ……………………… 少々
- バター ………………………… 20g
- （あれば）ローリエ ………… 1枚

【作り方】
1　にんじん、玉ねぎは薄切りにする。
2　鍋にバターを溶かし、1を入れて炒める。しんなりとしたら水200㎖（分量外）とあればローリエを加え、ふたをして15分煮る。
3　2をミキサー、またはハンドブレンダーにかける（ミキサーの場合は、粗熱をとってからかける）。
4　鍋に戻し、牛乳を入れて火にかける。ふつふつとしたら塩、こしょうで味をととのえる。

カロリー　508kcal

もずく酢の酸辣湯

【材料】（2人分）
- もずく酢 ……………………… 1パック
- 長ねぎ ………………………… 1/3本
- にんじん ……………………… 1/3本
- しいたけ ……………………… 1個
- 顆粒鶏ガラスープの素 … 大さじ1弱
- 溶き卵 ………………………… 1個分
- 酢 ……………… 大さじ1（好みで調節）
- ラー油 ………………………… 適量

【作り方】
1　長ねぎは斜め薄切り、にんじんはせん切り、しいたけは石づきを落とし薄切りにする。
2　鍋に水350㎖（分量外）と鶏ガラスープの素を入れ、火にかける。沸いたらにんじんとしいたけを入れて2分ほど煮る。
3　長ねぎともずく酢を加えて一煮立ちさせ、溶き卵を回し入れる。
4　仕上げに酢を加えて混ぜ、器に盛り、ラー油をかける。

カロリー　159kcal

コーンスープ

【材料】（2〜3人分）
- コーン缶詰 …………………… 1缶
- 玉ねぎ ………………………… 1/2個
- 豆乳 …………………………… 200㎖
- 塩 ……………………… 小さじ1/2
- バター ………………………… 10g
- （あれば）ドライパセリ ……… 適量

【作り方】
1　玉ねぎは薄切りにする。
2　鍋にバターを溶かし、1を入れる。透き通るまで炒めたら、水150㎖（分量外）と缶汁をきったコーンを加えてふたをして5分ほど煮る。
3　2をミキサー、またはハンドブレンダーにかける（ミキサーの場合は、粗熱をとってからかける）。
4　鍋に戻し、豆乳と塩を加えてひと煮立ちさせる。器に注いで、あればドライパセリを散らす。

カロリー　199kcal

CHAPTER.02
—
野菜1つで作るおかず

「冷蔵庫に野菜が1つしかないから、今日は無理…」なんてあきらめないで！　にんじん、トマト、キャベツ、パプリカ、ブロッコリー、セロリ、なす…なんかがあったらラッキー♪「長ねぎしかないわ…」、「ブロッコリーの茎しかないわ…」というときでも大丈夫、おいしい一品が作れます。しかも野菜1つしかないから、調理もラクちん。たくさん試して、お気に入りのおかずを見つけてくださいね。

パプリカ
1つで
作るおかず

パプリカのピクルス

☑ ビタミンE　☑ ビタミンC　☑ カプサイシン　☑ クエン酸

【材料】(作りやすい分量)
パプリカ赤・黄 ……… 各1個
A 酢 ………………… 250ml
　水 ………………… 150ml
　砂糖 ………………… 40g
赤唐辛子 ……………… 1本
(あれば)ローリエ ……… 1枚

【作り方】
1　パプリカは食べやすい大きさに切る。
2　Aを小鍋に入れて火にかけ、煮立ったら火を止めて冷ます。
3　保存容器に1と2、赤唐辛子、あればローリエも入れて冷蔵庫で保存する。一晩おいてからが食べごろ。

Erika's advice

パプリカにはビタミンEやビタミンCが豊富に含まれています。特にパプリカのビタミンCは加熱に強いのが特徴です。赤いパプリカには体脂肪を燃やすカプサイシンも含まれています。お酢にはエネルギー代謝に関わるクエン酸も豊富で、疲労回復に役立ちます。

カロリー 316kcal　塩分 0g　保存 7日間

CHAPTER 02 野菜1つで作るおかず

キャベツのうま塩和え

☑ ビタミンC　☑ ビタミンU　☑ 食物繊維

【材料】(作りやすい分量)
キャベツ･････････････････1/2個
塩････････････････････････少々
A ごま油･･･････････････大さじ1
　鶏ガラスープの素･･････小さじ1
粗びき黒こしょう･････････適量

キャベツ1つで作るおかず

【作り方】
1　キャベツはせん切りにして塩をふり、5分ほどおいたらさっと洗い、水気を絞る。
2　ボウルに1とAを入れて混ぜ、こしょうをふる。

Erika's advice

キャベツには食物繊維、ビタミンC、ビタミンUなどが豊富に含まれています。ビタミンUは胃の粘膜を修復したり、過剰な胃酸の分泌を抑えたりする働きがあり、胃の健康を守るのに役立ちます。キャベツの細胞が壊れることでできるイソチオシアネートには消化を助ける働きもあります。

カロリー 225kcal　塩分 3.4g　保存 4日間

トマト
1つで
作るおかず

トマトキムチ

☑ リコピン　☑ カプサイシン

【材料】(作りやすい分量)
ミニトマト………15個ぐらい
キムチの素………大さじ4
ごま油……………大さじ1/2

【作り方】
1　ミニトマトは包丁で十字に切り込みを入れる(深さを半分ぐらいまで入れる)。
2　保存容器に1、キムチの素、ごま油を入れて混ぜる。

Erika's advice

ミニトマトをキムチの素につけるだけでおいしい副菜ができ上がります！キムチの辛さのもとであるカプサイシンには血行を促進して体を温める効果があります。体脂肪の分解も促すのでダイエット中にもおすすめです。

| カロリー | 180kcal | 塩分 | 5.6g | 保存 | 5日間 |

長芋のわさびしょうゆ漬け

☑ ムチン

【材料】(作りやすい分量)
長芋‥‥‥‥1本(350g程度)
A しょうゆ、みりん
　‥‥‥‥‥‥各大さじ2
　わさび‥‥‥‥‥小さじ1

【作り方】
1　長芋は皮をむき1cm幅の半月切りにする。
2　ポリ袋に1とAを入れて混ぜ、一晩おく。

Erika's advice
長芋に含まれるムチンには胃の粘膜を保護する働きがあるうえ、消化酵素も豊富に含まれています。消化酵素は熱に弱いので、長芋は生で食べるのがおすすめです。

長芋
1つで
作るおかず

カロリー 353kcal　塩分 5.5g　保存 5日間

にんじんの塩昆布和え

☑ β-カロテン

にんじん1つで作るおかず

| カロリー | 133kcal | 塩分 | 1.5g | 保存 | 4日間 |

【材料】(2人分)
- にんじん ……………………………………… 2/3本
- 塩昆布 …………………………………………… 8g程度
- ごま油 …………………………………………… 小さじ2
- 白すりごま ……………………………………… 適量

【作り方】
にんじんは皮をむいてせん切りにし、塩昆布、ごま油、すりごまを加えて混ぜる。

> **Erika's advice**
> 野菜室ににんじんしかない…というときのお助けレシピ♪ せん切りには、スライサーがあるとさらに時短になります。にんじんに豊富なβ-カロテンは、体内で必要な分だけビタミンAに変わって、免疫力アップや目や粘膜の健康を守る働きがあります。

ブロッコリーのにんにく蒸し

☑ ビタミンC　☑ β-カロテン

ブロッコリー1つで作るおかず

| カロリー | 115kcal | 塩分 | 4.1g | 保存 | 4日間 |

【材料】(2人分)
- ブロッコリー …………………………………… 1個
- にんにく ………………………………………… 2かけ
- 塩 …………………………………………………… 小さじ2/3
- ごま油 …………………………………………… 大さじ1/2

【作り方】
1　ブロッコリーは小房に分け、茎は皮をむいて短冊切りにする。
2　にんにくは薄切りにする。
3　フライパンにごま油を弱火で熱し、2を炒める。香りが立ったら1を加えてさっと炒め、水大さじ3（分量外）と塩を加えて軽く混ぜ、ふたをする。
4　2分30秒たったら火を止め、そのまま2分蒸らす。

> **Erika's advice**
> ブロッコリーのおいしさを、最大限に生かしたレシピ♪ ブロッコリーはβ-カロテンやビタミンCが多く含まれる野菜。ビタミンCは水溶性のビタミンなので、ゆでると流れ出てしまいますが、少なめの水で蒸すことで流出を防ぐことができます。

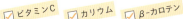

やみつきセロリマリネ

☑アピイン ☑カリウム ☑ビタミンC

セロリ
1つで作るおかず

| カロリー 320kcal | 塩分 3.1g | 保存 4日間 |

【材料】（2人分）
セロリ ･･････････････････････････ 1本
A オリーブオイル、レモン汁、酢、砂糖 ･･ 各大さじ2
 塩 ･･･････････････････････････ 小さじ1/2

【作り方】
1　セロリは、茎は斜め薄切り、葉はせん切りにする。
2　保存容器にAを入れて混ぜる。さらに1を入れて混ぜ合わせる。

Erika's advice

時間をおかずにすぐに食べてもOK。冷蔵庫で冷やすとよりおいしくなります。お酢やレモン汁に含まれるクエン酸には、疲労回復、食欲増進効果があります。また、セロリに含まれる香り成分のアピインにはイライラや不安感を鎮める効果があるといわれています。そのほか高血圧の改善に役立つカリウムも豊富。

かぶの塩昆布炒め

☑ビタミンC ☑カリウム ☑β-カロテン

かぶ
1つで作るおかず

| カロリー 182kcal | 塩分 1.1g | 保存 4日間 |

【材料】（4人分）
かぶ ････････････････････････････ 中3個
塩昆布 ･･････････････････････････ 6g程度
白いりごま ･･･････････････････････ 適量
ごま油 ･･････････････････････････ 小さじ2

【作り方】
1　かぶは、葉は4cm長さに切り、根は8等分のくし形に切る。洗ってざるにあげる。
2　フライパンにごま油を中火で熱し、かぶの根を入れ5分炒める。
3　葉も入れて1分炒めたら、塩昆布といりごまを加えて混ぜる。

Erika's advice

塩昆布の量は、お好みで加減してください。かぶは根より葉の部分のほうが、栄養が豊富に含まれています。β-カロテンをはじめ、鉄やカルシウムなどミネラルも豊富。白い根の部分には、ビタミンCやカリウムが多く含まれています。

まるごとピーマン煮

☑ピラジン ☑ビタミンC

ピーマン 1つで作るおかず

| カロリー | 99kcal | 塩分 | 2.7g | 保存 | 4日間 |

【材料】（2〜3人分）
ピーマン·····················4〜6個
A だし汁·····················100mℓ
  しょうゆ、みりん············各大さじ1
サラダ油······················適量

【作り方】
1 ピーマンは洗って水気を拭く。
2 フライパンにサラダ油を中火で熱し、1を焼き目がつくまで転がしながら焼く。
3 Aを加えてふたをし、たまに上下を返しながら15分煮る。

Erika's advice
ピーマンは中の種を取るのが普通ですが、実は取らなくても食べられます。しかもおいしい♪ ヘタはちょっと固いのでお好みで取り除いてください。ピーマンにはビタミンCが豊富に含まれています。ビタミンCは熱に弱い栄養素ですが、ピーマンに含まれるビタミンCは加熱しても壊れにくいという特徴があります。またピーマンには、ピラジンという栄養素も豊富で、血液サラサラ効果が期待できます。

ピーマンの辛みそ和え

☑ピラジン ☑ビタミンC

ピーマン 1つで作るおかず

| カロリー | 94kcal | 塩分 | 1.9g | 保存 | 3日間 |

【材料】（2人分）
ピーマン·····················4個
A みそ、みりん··············各大さじ1/2
  豆板醤·····················小さじ1/2〜1
  しょうゆ···················小さじ1/2
白炒りごま···················適量
ごま油······················適量

【作り方】
1 ピーマンはヘタと種を取って乱切りにする。
2 フライパンにごま油を中火で熱し、ピーマンを炒める。全体に油がまわったら、合わせたAを加えて汁気がなくなるまで炒め、炒りごまをふる。

Erika's advice
ピーマンにはビタミンCがたっぷり含まれています！ しかもピーマンのビタミンCは熱に強いのが特徴。炒め物にしても損失が少ないんですよ。ピリッと辛いみそだれがあと引くおいしさです♪

CHAPTER 02 野菜1つで作るおかず

のり塩ポテト

☑ 食物繊維　☑ ビタミンC　☑ カルシウム

じゃがいも
1つで
作るおかず

| カロリー | 199kcal | 塩分 | 2.0g | 保存 | 2日間 |

【材料】（2～3人分）
じゃがいも ………………………………… 3個
A 青のり …………………………………… 大さじ1
　　昆布茶（なくてもOK）………………… 小さじ1/3
　　塩 …………………………………………… 少々
サラダ油 …………………………………… 小さじ2

【作り方】
1　じゃがいもは皮をむいて細切りにする。
2　フライパンにサラダ油を中火で熱し、**1**を炒める。
3　じゃがいもが透き通り、軽く焼き目がつく程度まで炒めたら、**A**を加えて混ぜる。

Erika's advice
揚げずに少なめの油で炒めるだけだから、ヘルシーだし簡単！　このレシピには、男爵よりメークインのほうが細長く切りやすいし、加熱しても崩れにくいのでおすすめ♪　じゃがいもには食物繊維やビタミンCが豊富。じゃがいものビタミンCはでんぷんに包まれているので、加熱しても失われにくいという特徴があります。

みそじゃが

☑ 食物繊維　☑ ビタミンC

じゃがいも
1つで
作るおかず

| カロリー | 327kcal | 塩分 | 2.2g | 保存 | 4日間 |

【材料】（2～3人分）
新じゃがいも ……………………………… 中3～4個
A みそ、みりん ………………………… 各大さじ2
　　砂糖 ……………………………………… 大さじ1/2
　　水 ………………………………………… 50mℓ
白炒りごま ………………………………… 適量
サラダ油 …………………………………… 大さじ1/2

【作り方】
1　新じゃがいもは洗って一口大に切り、耐熱容器に入れ、ふんわりラップをかけて電子レンジで7～8分、竹串がすっと通るくらいまで加熱する。
2　フライパンにサラダ油を中火で熱し、**1**を1～2分炒める。
3　合わせた**A**を加え、混ぜながら汁気がほとんどなくなるまで煮詰め、炒りごまをふる。

Erika's advice
新じゃがは皮が薄く、皮ごと食べられるので、じゃがいもの栄養をまるごととることができます。普通のじゃがいもを使用する場合は、電子レンジで加熱したあとに皮をむきましょう。

85

ピリ辛なす炒め

☑ ナスニン

なす
1つで
作るおかず

| カロリー | 368kcal | 塩分 | 6.3g | 保存 | 4日間 |

【材料】(2～3人分)
なす……………………………………………3本
A しょうゆ、砂糖、酢……………………各大さじ2
　豆板醤、おろしにんにく………………各小さじ1
ごま油……………………………………大さじ2

【作り方】
1　なすはヘタを取り、一口大の乱切りにする。
2　フライパンにごま油を中火で熱し、1を炒める。
3　なすに焼き目がついてしんなりとしたら、合わせたAを加え、ひと煮立ちさせる。

Erika's advice

なす好きにはたまらない、とにかくなすがおいしいレシピです！　お子さんなど辛いのが苦手な方は豆板醤を抜いて作ってみてくださいね。このまま副菜としても使えますが、実はパンにのせて食べるとおいしいです。ぜひお試しを！

豆もやしのナムル

☑ カリウム　☑ ビタミンC

豆もやし
1つで
作るおかず

| カロリー | 102kcal | 塩分 | 2.7g | 保存 | 3日間 |

【材料】(2～3人分)
豆もやし………………………………1袋(220g)
A 顆粒鶏ガラスープの素、砂糖………各小さじ1/2
　塩…………………………………………小さじ1/3
　白炒りごま………………………………適量

【作り方】
1　豆もやしは熱湯で1分30秒ゆでて、ざるにあげる。
2　Aを加えて混ぜる。

Erika's advice

豆もやしはゆでたらよく水気をきっておきましょう。このとき、水にさらすと仕上がりが水っぽくなってしまうので注意。もやしには、カリウムやビタミンCなどの栄養素が含まれていますが、豆もやしの豆の部分には、ビタミンやたんぱく質が豊富。少し値段は上がりますが、栄養面を考えると、普通のもやしより豆もやしのほうがおすすめです。

CHAPTER 02 野菜1つで作るおかず

焼きねぎのピリ辛漬け

☑ 硫化アリル ☑ カプサイシン

長ねぎ
1つで
作るおかず

| カロリー 209kcal | 塩分 5.7g | 保存 4日間 |

【材料】(2〜3人分)
- 長ねぎ ……………………………………… 1本
- A 黒酢 …………………………………… 大さじ3
- 　しょうゆ、みりん ………………… 各大さじ2
- 　豆板醤 ………………………………… 小さじ1/2
- ごま油 ……………………………………… 適量

【作り方】
1 長ねぎは食べやすい長さに切る。
2 フライパンにごま油を中火で熱し、1を並べて焼き色がつくまで焼く。
3 Aを加えて、ひと煮立ちさせる。

Erika's advice

辛いのが好きな人におすすめの一品☆ 作りおきして時間をおくことで味がしみておいしくなります。長ねぎは緑の部分まで使えるので、余すことなくおいしく食べられますよ♪ ぜひ作ってみてくださいねー！

新玉ねぎの焼き浸し

☑ 硫化アリル ☑ カリウム

新玉ねぎ
1つで
作るおかず

| カロリー 222kcal | 塩分 5.0g | 保存 4日間 |

【材料】(2〜3人分)
- 新玉ねぎ …………………………………… 2個
- A 麺つゆ(3倍濃縮) ………………… 50ml
- 　水 ……………………………………… 150ml
- 削り節 ……………………………… ひとつかみ
- ごま油 ……………………………………… 適量

【作り方】
1 新玉ねぎは8等分のくし形に切る。
2 フライパンにごま油を熱し、1の断面を下にして焼き目がつくまで強火で焼く。
3 Aを加えてひと煮立ちさせたら保存容器に移し、削り節を散らす。

Erika's advice

玉ねぎには、ビタミンB₁の吸収を高めたり、血液サラサラ効果のある硫化アリルが豊富。硫化アリルは水溶性で水にさらすと流れ出てしまうので、そのまま食べるのがベスト。辛みの少ない新玉ねぎなら水にさらさなくてもおいしく食べられるので、栄養素を効率的にとることができます。玉ねぎにはカリウムも豊富。塩分の排泄を促し、血圧を低下させる働きがあります。

87

無限ごぼうバター

☑食物繊維 ☑クロロゲン酸 ☑タンニン

ごぼう
1つで作るおかず

| カロリー | 209kcal | 塩分 | 2.2g | 保存 | 4日間 |

【材料】（2～3人分）
ごぼう ・・・・・・・・・・・・・・・・・・・・・・・・・・・・・・・・ 1本
A しょうゆ ・・・・・・・・・・・・・・・・・・・・・・・・・・ 小さじ2
　砂糖、おろしにんにく ・・・・・・・・・・・・ 各小さじ1
ドライパセリ ・・・・・・・・・・・・・・・・・・・・・・・・・・ 適量
バター ・・・・・・・・・・・・・・・・・・・・・・・・・・・・・・・・ 10g

【作り方】
1　ごぼうは細切りにして5分ほど水にさらし、水気をよくきる。
2　フライパンを中火で熱してバターを溶かし、1を入れて炒める。
3　弱めの中火で3～4分炒めてしんなりしたら、Aを加えて汁気をとばすようにして炒め、ドライパセリを散らす。

Erika's advice

ごぼうには食物繊維が豊富に含まれています。腸の動きを活発にして腸内環境を整えるほか、コレステロール値を下げたり、大腸がんを予防する働きがあることもわかっています。ごぼうにはポリフェノールの一種のクロロゲン酸やタンニンも多く含まれていて、抗酸化作用も。皮に豊富なので、皮は厚くむかずに軽くたわしでこする程度にするのがよいです。

無限れんこんバター

☑食物繊維 ☑ムチン ☑ビタミンC

れんこん
1つで作るおかず

| カロリー | 275kcal | 塩分 | 2.2g | 保存 | 4日間 |

【材料】（2～3人分）
れんこん ・・・・・・・・・・・・・・・・・・・・・ 一節(250g程度)
にんにく ・・・・・・・・・・・・・・・・・・・・・・・・・・・・・ 2かけ
A しょうゆ ・・・・・・・・・・・・・・・・・・・・・・・・・・ 小さじ2
　砂糖 ・・・・・・・・・・・・・・・・・・・・・・・・・・・・・・ 小さじ1
ドライパセリ ・・・・・・・・・・・・・・・・・・・・・・・・・・ 適量
バター ・・・・・・・・・・・・・・・・・・・・・・・・・・・・・・・・ 10g

【作り方】
1　れんこんは皮をむき、厚さ5mm程度の半月形に切り、軽く水にさらして水気をよくきる。
2　にんにくはみじん切りにする。
3　フライパンを中火で熱してバターを溶かし、2を入れて炒め、香りが出てきたら1を加える。
4　弱めの中火で3～4分炒めたら、Aを加えて汁気をとばすようにして炒め、ドライパセリを散らす。

Erika's advice

「無限ごぼうバター」のれんこんバージョン！こちらはにんにくを、おろしにんにくではなく、みじん切りに。よりにんにく感を出してみました♪　作り方は、ほとんど同じです。れんこんは食物繊維やビタミンCが豊富。

CHAPTER 02 野菜1つで作るおかず

白菜の甘酢しょうが漬け

☑カプサイシン ☑ビタミンC

| カロリー | 213kcal | 塩分 | 4.1g | 保存 | 5日間 |

【材料】（2〜3人分）
白菜……………………………………1/6個
塩………………………………………少さじ1/2
しょうが………………………………1かけ
赤唐辛子（小口切り）………………適量
A 酢、砂糖……………………………各大さじ2
　ごま油………………………………大さじ1
　しょうゆ……………………………大さじ1/2

【作り方】
1　白菜は1cm幅に切り、塩をふり、5分ほどおく。しょうがはせん切りにする。
2　ボウルに水気を絞った白菜としょうが、赤唐辛子を入れる。
3　小鍋にAを入れて煮立たせる。2のボウルに注ぎ入れ、混ぜる。

Erika's advice
血行促進作用のある唐辛子としょうがを使った、体ぽかぽかレシピです。寒い冬にぜひ食べてくださいね。白菜は冷蔵庫にあまりがちな食材だと思うので、副菜レシピをいくつか覚えておくときっと役に立ちます。

れんこんの甘酢煮

☑食物繊維 ☑ムチン ☑ビタミンC

| カロリー | 375kcal | 塩分 | 3.0g | 保存 | 4日間 |

【材料】（2〜3人分）
れんこん………………………………400g
A 酢……………………………………大さじ2
　しょうゆ……………………………大さじ1
　砂糖、みりん………………………各大さじ1/2
　水……………………………………100ml
サラダ油………………………………大さじ1/2

【作り方】
1　れんこんは皮をむき、厚さ1.5cm程度の半月形に切る。軽く水にさらし、水気をよくきる。
2　フライパンにサラダ油を中火で熱し、1を並べて両面を2分ずつ焼く。
3　合わせたAを加え、ふたをして15〜20分程度（途中で上下を返す）、汁気がなくなるまで蒸し煮にする。

Erika's advice
れんこんにはビタミンC、食物繊維などが豊富です。また、れんこんの粘けは、ムチンによるもの。胃の粘膜を保護して胃もたれを予防、ウイルスの侵入を防ぐ働きもあります。

魅惑の菜の花チーズ

☑ ビタミンC　☑ β-カロテン　☑ カルシウム

菜の花
1つで作るおかず

| カロリー | 133kcal | 塩分 | 1.4g | 保存 | 4日間 |

【材料】（2〜3人分）
菜の花 ……………………………………… 1束
粉チーズ …………………………………… 大さじ1
麺つゆ（3倍濃縮）………………………… 小さじ2

【作り方】
1　菜の花は食べやすい長さに切り、熱湯で1分ゆでて冷水にとり、水気を絞る。
2　1に粉チーズとめんつゆをかけて和える。

Erika's advice
菜の花を春菊に変えてもおいしいですよ！ 菜の花はβ-カロテンやビタミンC、カルシウムや鉄などの栄養素が豊富です。中でもビタミンCの含有量は野菜の中でもトップクラス。ビタミンCは水溶性なので、あまりゆですぎないようにするのがポイントです。菜の花が旬の時期にぜひ、作ってみてくださいね。

ブロッコリーの茎のザーサイ風

☑ ビタミンC　☑ カリウム　☑ 食物繊維

ブロッコリー
1つで作るおかず

| カロリー | 62kcal | 塩分 | 2.4g | 保存 | 3日間 |

【材料】（茎1本分）
ブロッコリーの茎 ………………………… 1本（100g程度）
A しょうゆ、顆粒鶏ガラスープの素 ……… 各小さじ1弱
　ラー油 …………………………………… 適量

【作り方】
1　ブロッコリーの茎は薄切りにして耐熱皿にのせ、ふんわりラップをかけて電子レンジで1分40秒加熱する。
2　出てきた水分は捨て、熱いうちにAを加えて和える。

Erika's advice
ふだんブロッコリーの茎は捨ててしまう、という人もこれを食べたら、今まで茎を捨てていたことを後悔することでしょう♡ とっても簡単なのに、無限に食べられるおいしさです。辛いのが苦手な人はラー油じゃなくてごま油にしてもOKですよ！ 目をつぶればほぼザーサイ。おつまみにどうぞ！

CHAPTER 02 野菜1つで作るおかず

自家製なめたけ

☑ β-グルカン ☑ ビタミンB群

えのきだけ 1つで作るおかず

| カロリー | 159kcal | 塩分 | 5.2g | 保存 | 5日間 |

【材料】(えのきだけ 1袋分)
- えのきだけ ………………………………… 1袋
- A しょうゆ、みりん ………………… 各大さじ2
- 　酢 ………………………………… 大さじ2/3

【作り方】
1　えのきだけは石づきを落とし、3等分に切る。
2　小鍋に1とAを入れて火にかけ、5分ほど煮る。

Erika's advice

実はなめたけは超簡単にできるので、自家製がおすすめです！　味も自分好みに調整できるし、買うより安上がり♪　私は納豆に混ぜるのが好きです。ごはんにかけて食べます。ぜひ試してみてくださいね♡　えのきにはビタミンB群やβ-グルカンが豊富。β-グルカンは食物繊維の一種で、腸内環境を整えて便秘を防ぐのに役立ちます。

みょうがの甘酢漬け

☑ α-ピネン

みょうが 1つで作るおかず

| カロリー | 175kcal | 塩分 | 2.0g | 保存 | 5日間 |

【材料】(みょうが10個分)
- みょうが ………………………………… 10個
- A 酢 ……………………………………… 100mℓ
- 　砂糖 ………………………………… 大さじ4
- 　塩 …………………………………… 小さじ1/3
- 　水 ……………………………………… 50mℓ

【作り方】
1　小鍋にAを入れて火にかける。ひと煮立ちしたら火を止め、冷ます。
2　みょうがは縦半分に切り、熱湯でさっと(10秒程度)ゆでる。
3　保存容器に、水気をしっかりきった2を入れ、1を加えて漬ける。

Erika's advice

1日以上おいてからが食べごろです♪　みょうがの甘酢漬けは夏になると食べたくなるものの1つ。鮮やかなピンクの見た目が、食卓を一気に明るくしてくれます。作り方も簡単なので、ぜひ作ってみてくださいね♡　みょうがにはα-ピネンという香り成分が含まれています。α-ピネンは食欲増進や冷え予防に効果があるといわれています。

作りおきにプラス
スープレシピ ❷

豆腐や肉入りスープのレシピを紹介します。ふだんのみそ汁とくらべれば多少手はかかりますが、作り方は簡単。余裕があるときにぜひ試してみてください。

酒粕豆乳スープ

【材料】（2人分）
- 酒粕 ………………………… 50g
- 豆乳 ………………………… 150ml
- 絹ごし豆腐 ………………… 1/2丁
- 長ねぎ ……………………… 1/3本
- しめじ ……………………… 1/3パック
- みそ ………………………… 大さじ1と1/2

【作り方】
1　豆腐は2cm角に切り、長ねぎは斜め薄切り、しめじは石づきを落としてほぐす。
2　酒粕は耐熱容器に入れ、ふんわりラップをかけて電子レンジで30秒ほど加熱してやわらかくする。
3　鍋に水150ml（分量外）を入れて火にかけ、沸いたらしめじを入れる。
4　2の容器に3の鍋のお湯を少しずつ加えて混ぜる。ペースト状になったら鍋の中に入れて混ぜる。
5　豆乳を加え、ふつふつとしたら豆腐と長ねぎを加える。火を止め、みそを溶く。

カロリー　347kcal

ユッケジャンスープ

【材料】（2人分）
- 牛こま切れ肉 ……………… 100g
- キムチ ……………………… 50g
- 豆もやし …………………… 1/3パック
- A 顆粒鶏ガラスープの素、みそ
  　　　　　　　　　　 各小さじ1
  　おろしにんにく …… 小さじ1/3
- 細ねぎ ……………………… 適量
- ごま油 ……………………… 小さじ1

【作り方】
1　鍋にごま油を中火で熱し、牛肉を炒める。半分程度、火が通ったら水300ml（分量外）を加える。
2　沸騰したらアクを取り、キムチと豆もやし、Aを加えて2分ほど煮る。小口切りにした細ねぎを散らしてでき上がり。

カロリー　506kcal

カレーミルクスープ

【材料】（2人分）
- 鶏もも肉 …………………… 1/2枚
- 玉ねぎ ……………………… 1/2個
- しめじ ……………………… 1/3パック
- ブロッコリー ……………… 1/4個
- 薄力粉 ……………………… 大さじ1/2
- カレー粉 …………………… 小さじ1
- 牛乳 ………………………… 300ml
- 顆粒コンソメ ……………… 大さじ1/2
- バター ……………………… 5g

【作り方】
1　鶏肉は小さめの一口大に切り、玉ねぎは薄切りにする。しめじは石づきを落としてほぐし、ブロッコリーは小房に分ける。
2　鍋にバターを溶かし、鶏肉、玉ねぎ、しめじを中火で炒める。
3　しんなりとしたら火を止め、薄力粉とカレー粉をふり入れる。粉っぽさがなくなるまでよく混ぜる。
4　再び火にかけ、牛乳を少しずつ加えながら混ぜる。煮立ったらコンソメ、ブロッコリーも加えて弱火で3分ほど煮てでき上がり。

カロリー　639kcal

CHAPTER.03

—

レンチン & スピードおかず

火を使わずに電子レンジ調理だけで完成するおかず、材料を調味料で和えるだけでOKの簡単おかずが盛りだくさん！ また、ゆでたり炒めたりの工程はあってもパパッとスピーディに作れるおかずもこの章にまとめました。いずれも超簡単、失敗ナシのレシピなので安心してチャレンジしてくださいね。もちろん、ヘルシー＆野菜たっぷりメニューばかりです！

レンジでタッカルビ

☑ たんぱく質　☑ β-カロテン　☑ アリシン

レンチン！でスピードおかず

【材料】(2〜3人分)
鶏もも肉 …………… 1枚(350g)
にんにくの芽 ………… 1束
玉ねぎ ……………… 1/2個
片栗粉 ……………… 大さじ1
A｜コチュジャン …… 大さじ2
　｜砂糖、しょうゆ
　｜　　　　　……… 各大さじ1
　｜おろしにんにく … 小さじ1

【作り方】

1　にんにくの芽は4cm長さに切り、玉ねぎは厚めの薄切り、鶏肉は一口大に切り片栗粉をまぶす。

2　耐熱容器に合わせたAと1を入れて混ぜる。

3　ラップをふんわりかけて電子レンジで3分加熱し、いったん取り出して混ぜ、さらに3分加熱する。

Erika's advice

韓国料理の中でも人気の高いタッカルビを、電子レンジで簡単に調理できるようアレンジしてみました。コチュジャンのパンチの効いた味つけで、食欲のすすむ味になっています。コチュジャンは、国産のものは韓国産のものにくらべて甘みが強いので、その場合は砂糖の量を控えめにするとよいでしょう。

カロリー 1128kcal　塩分 5.3g　保存 4日間

レンジで鮭の
ちゃんちゃん焼き風

☑ たんぱく質　☑ DHA・EPA　☑ 食物繊維　☑ ビタミンC　☑ ビタミンU

【材料】(2〜3人分)
- 生鮭(切り身)……… 3切れ
- キャベツ……………… 1/4個
- コーンの缶詰……… 1/2缶
- 塩、こしょう……… 各少々
- A みそ……………… 大さじ2
- みりん、酒……… 各大さじ1
- しょうゆ………… 小さじ1
- バター………………… 5g

【作り方】
1　鮭は両面に塩、こしょうをふる。キャベツはざく切りにする。
2　耐熱皿にキャベツを敷き、缶汁をきったコーンを散らして鮭をのせる。
3　Aを混ぜ合わせてまわしかけ、ラップをふんわりとかけて電子レンジで5分加熱する。

> **Erika's advice**
> ちゃんちゃん焼きは魚と野菜をたっぷりとることができるので栄養面でもおすすめのメニューです。鉄板やフライパンで作るのが一般的ですが、電子レンジで簡単に作れるようにアレンジしました。きのこやにんじんを加えても◎。簡単なので、作りおきだけでなく時間がないときのおかずにもおすすめです。

カロリー 586kcal　塩分 4.5g　保存 3日間

なすのオイル蒸し

☑ ナスニン　☑ カリウム

【材料】(3～4人分)
なす・・・・・・・・・・・・・・・3本
塩・・・・・・・・・・・・・・・少々
サラダ油・・・・・・・・大さじ2

【作り方】
1　なすは乱切りにして耐熱容器に入れ、塩とサラダ油を全体にからめる。
2　ラップをふんわりとかけて電子レンジで3分加熱する。

Erika's advice
おかかとポン酢をかけてそのまま食べたり、炒め物に使うのもおすすめです。炒め時間が短縮できて時短になるうえ、使う油も節約できるのでヘルシー♪

レンチン！でスピードおかず

カロリー 254kcal　塩分 1.0g　保存 4日間

CHAPTER 03 レンチン&スピードおかず

レンチン!
でスピード
おかず

レンジできのこマリネ

☑ 食物繊維

【材料】(作りやすい分量)
しめじ ………………… 1パック
えのきだけ ……………… 1袋
しいたけ ………………… 4個
A レモン汁 …………… 大さじ3
　サラダ油 …………… 大さじ2
　塩 ………………… 小さじ1/3
　こしょう ……………… 少々

【作り方】
1　しめじはほぐし、えのきだけは石づきを落として3等分に切る。しいたけは石づきを落とし、薄切りにする。

2　1を耐熱ボウルに入れ、Aを加えて混ぜる。

3　ラップをふんわりかけ、電子レンジで4分加熱して、全体をざっと混ぜる。

Erika's advice

サラダのトッピングとして使ったり、チキンソテーにのせたり、ゆでた青菜類と混ぜても◎。きのこは低カロリーで食物繊維も豊富に含まれ、ダイエット中にもおすすめの食材です。

カロリー 280kcal　塩分 2.0g　保存 5日間

エリンギメンマ

レンチン！でスピードおかず

☑ビタミンD　☑食物繊維

【材料】(エリンギ1パック分)
エリンギ……1パック
A 顆粒鶏ガラスープの素、
　しょうゆ、ごま油
　………各小さじ1
　砂糖……小さじ1/2
ラー油…………適宜

【作り方】
1　エリンギは短冊切りにし、耐熱容器に入れてふんわりラップをかけ、電子レンジで2分加熱する。
2　水分が出ていたら捨て、Aを入れて混ぜる。

Erika's advice
エリンギには食物繊維やビタミンDが豊富に含まれています。エリンギの食物繊維には糖質やコレステロールの吸収を緩やかにする働きがあります。また、ビタミンDは骨を作るために必要な栄養素。日光に当たることである程度は体内でも作り出すことができます。

| カロリー | 96kcal | 塩分 | 2.3g | 保存 | 4日間 |

牛こまとにんにくの芽の甘辛炒め

レンチン！でスピードおかず

☑たんぱく質　☑β-カロテン　☑アリシン

【材料】(2～3人分)
牛こま切れ肉……300g
にんにくの芽……1束
A しょうゆ、みりん
　…各大さじ1と1/2
　砂糖、片栗粉
　………各大さじ1
　おろしにんにく、
　おろししょうが
　………各少量
白炒りごま………適量

【作り方】
1　牛肉はAをもみ込む。にんにくの芽は4cm長さに切る。
2　耐熱容器に牛肉を広げ、にんにくの芽を上にのせる。
3　2の耐熱容器にふんわりとラップをかけ、電子レンジで3分加熱する。いったん取り出して肉をほぐすようにして混ぜたら、さらに3分加熱し、炒りごまをふる。

Erika's advice
電子レンジで簡単！　炒め油を使わないからヘルシー♪　にんにくの芽にはβ-カロテンやアリシンなどの栄養素が豊富。アリシンはにんにく(根元)にも含まれる成分で、体内でビタミンB1の吸収を高め、疲労回復に役立つといわれています。

| カロリー | 975kcal | 塩分 | 4.3g | 保存 | 4日間 |

CHAPTER 03 レンチン&スピードおかず

しびれもやし

レンチン!でスピードおかず

☑カリウム　☑ビタミンC　☑β-カロテン

【材料】(3〜4人分)
もやし……1パック
豆苗……1パック
A 顆粒鶏ガラスープの
　素、ごま油……各小さじ1
　豆板醤、砂糖
　　……各小さじ1/2
　花椒(パウダー)、おろし
　　にんにく……各小さじ1/3
　塩、こしょう……各少々
白炒りごま……適量

【作り方】
1　もやしは耐熱容器に入れ、ふんわりとラップをかけて電子レンジで3分20秒加熱する。
2　豆苗は根元を切り落とし、長さを半分に切る。耐熱容器に入れ、ふんわりとラップをかけて電子レンジで1分加熱する。
3　ボウルに水気をきった1と2、Aを加えて混ぜる。仕上げに炒りごまをふる。

Erika's advice
しびれる辛さがやみつきに！ 花椒というスパイスを使いますが、さわやかな香りと口の中がしびれるような辛さが特徴です。もやしはビタミンCやカリウムが豊富ですが、豆つきの「豆もやし」にすれば、栄養価アップ。豆の部分にはたくさんのビタミン、ミネラルが詰まっています。

カロリー 111kcal ／ 塩分 2.5g ／ 保存 3日間

豚こまのナポリタン風

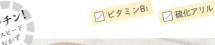

レンチン!でスピードおかず

☑ビタミンB1　☑硫化アリル

【材料】(2〜3人分)
豚こま切れ肉……300g
玉ねぎ……1/4個
ピーマン……2個
A トマトケチャップ
　……大さじ3
　片栗粉
　……大さじ1と1/2
　中濃ソース
　……大さじ1/2
　砂糖……小さじ1
　こしょう……少々

【作り方】
1　玉ねぎは薄切り、ピーマンは細切りにする。
2　ポリ袋に豚肉とAを入れてもみ込む。耐熱容器に均一に広げ入れ、上に1をのせて、ふんわりとラップをかけて電子レンジで3分加熱する。
3　いったん取り出して全体を混ぜたら、さらに3分加熱する。

Erika's advice
耐熱容器に食材を入れるときは、まんべんなく広げるのがポイント。さらに途中でいったん取り出して混ぜることで、均一に熱が入ります。片栗粉も一緒にもみ込むことで、レンジ調理でも肉がやわらかく仕上がり、味もよくなじみます。

カロリー 801kcal ／ 塩分 2.3g ／ 保存 4日間

99

長芋の磯辺肉巻き

レンチン！でスピードおかず

☑ムチン　☑ビタミンB1　☑たんぱく質

【材料】（3～4人分）
豚ロース薄切り肉
　……………12枚
長芋…………250g
焼きのり……1と1/2枚
A しょうゆ
　　……大さじ1と1/2
　砂糖………大さじ1

【作り方】
1　ボウルにAを混ぜ合わせ、豚肉を1枚ずつ漬ける。
2　長芋は長さを3等分に切って皮をむき、縦に4等分に切る。合計12切れにする。
3　のり1枚は半分に切り、さらに短冊状になるように4等分し、合計8枚にする。1/2枚のほうも短冊状に4等分し、全部で12枚にする。
4　2に1を1枚ずつ巻き、さらに3を巻く。耐熱皿にのせ、ふんわりとラップをかけて電子レンジで6分加熱する。

Erika's advice
お弁当のおかずにもおすすめの一品。巻くときは、作業台にラップを敷いてからやると、後片づけも楽ちんです♪　豚肉にはたんぱく質やビタミンB1、長芋には、胃や鼻などの粘膜を守る働きのあるムチンが豊富です。

カロリー 752kcal　塩分 4.2g　保存 4日間

無限えのき

レンチン！でスピードおかず

☑β-グルカン　☑ビタミンB群

【材料】（えのきだけ2袋分）
えのきだけ
　……………2袋（400g）
ツナ缶詰………1缶
A 顆粒中華だし
　　………小さじ1
　砂糖………小さじ1/2
　塩…小さじ1/4～1/3
　ごま油……小さじ2
粗びき黒こしょう、白炒りごま………各適量

【作り方】
1　えのきだけは石づきを切り落としてほぐし、耐熱容器に入れてふんわりとラップをかけ、電子レンジで3分30秒加熱する。
2　缶汁をきったツナとAを加えて混ぜる。仕上げにこしょうと炒りごまをふる。

カロリー 215kcal　塩分 3.7g　保存 4日間

Erika's advice
ツナの缶詰は油漬け、ノンオイルのどちらでもかまいませんが、塩の量は味をみて加減してください。　えのきだけは100g当たり22kcalと低カロリーで、食物繊維の一種であるβ-グルカンが豊富。腸内環境を整えてくれるなどの働きがあり、ヘルシーな食材といえます。

かぼちゃとクリームチーズのサラダ

【材料】(3～4人分)
- かぼちゃ………1/4個
- クリームチーズ……50g
- マヨネーズ…大さじ4
- 砂糖………大さじ1
- ナッツ………適宜

【作り方】
1. かぼちゃは種とわたを取り、小さく切る。
2. 耐熱皿に1をのせ、ラップをふんわりとかけて電子レンジで7分加熱する。
3. 熱いうちにフォークでつぶし、マヨネーズと砂糖を加えて混ぜる。
4. 2cm角に切ったクリームチーズを加えて、ざっくりと混ぜる。好みでナッツを散らす。

Erika's advice

かぼちゃはおいしいうえに栄養価も野菜の中でトップクラス♪ とくにビタミンEやβ-カロテンが豊富で、抗酸化作用により生活習慣病予防、アンチエイジングなどに効果的。ビタミンEは血行をよくする働きもあるので、寒い時期は冷え予防に積極的にとるといいですね。

| カロリー | 594kcal | 塩分 | 1.2g | 保存 | 3日間 |

ひじきのみそマヨサラダ

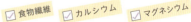

【材料】(3～4人分)
- 長ひじき(乾燥)……10g
- きゅうり………1/2本
- ツナ缶詰………1缶
- コーン缶詰……1/2缶
- A マヨネーズ…大さじ2
-   みそ……大さじ1/2

【作り方】
1. 長ひじきは水で戻し、よく水気をきる。きゅうりはせん切りにする。
2. ボウルに1、缶汁をきったツナとコーン、合わせたAを加えて混ぜる。

Erika's advice

ひじきは長い場合は食べやすくカットしてくださいね。水っぽくならないようにひじきの水気はよくきっておくのがポイントです。海藻類は食物繊維が豊富で低カロリー、健康や美容にうれしい食材です。とくにひじきは食物繊維のほか、カルシウム、マグネシウムなどが豊富。マグネシウムは血液循環に関わる栄養素で、カルシウムとともに骨を作るための材料にもなります。

| カロリー | 287kcal | 塩分 | 2.0g | 保存 | 3日間 |

切り干し大根の
パリパリサラダ

和えるだけ でスピードおかず

☑クエン酸　☑ビタミンC　☑カルシウム

【材料】（2〜3人分）
切り干し大根 …… 30g
きくらげ(乾燥) …… 5g
にんじん …… 1/4本
きゅうり …… 1本
塩 …… 小さじ1/3
A レモン汁 … 大さじ2
　しょうゆ
　　…… 大さじ1と1/2
　砂糖、ごま油
　　…… 各大さじ1

【作り方】
1　切り干し大根は水で戻し、水気を絞って食べやすい長さに切る。きくらげは水で戻し、せん切りにする。
2　にんじんはせん切り、きゅうりはせん切りにして塩をふって5分ほどおき、水気を絞る。
3　ボウルにAを入れて混ぜ、1と2も加えて混ぜる。

Erika's advice
切り干し大根はパリパリ食感を生かすため、水で戻しすぎないようにするのがポイント！　切り干し大根は乾燥させて水分が抜けたぶん、栄養も凝縮されていて、カルシウムや食物繊維などが豊富に含まれます。またレモンに含まれるビタミンCにはカルシウムの吸収を高める効果があるので、一緒にとると効果的です。

カロリー 300kcal ｜ 塩分 6.1g ｜ 保存 4日間

わかめと切り干し大根の
ごまマヨ和え

和えるだけ でスピードおかず

☑カルシウム　☑食物繊維

【材料】（2〜3人分）
切り干し大根 …… 30g
乾燥わかめ …… 5g
A マヨネーズ
　　…… 大さじ2
　白すりごま
　　…… 大さじ1

【作り方】
1　切り干し大根と乾燥わかめは水で戻し、水気を絞って食べやすい長さに切る。
2　Aをボウルに入れて混ぜ、1を入れてさらに混ぜる。

Erika's advice
忙しいときや雨で買い物に行けないときのためにも乾物を常備しておくと安心ですよ〜♪　食材が何もないというときでも乾物さえあれば一品完成です。長期保存できて栄養も豊富な乾物をぜひ、毎日の料理に活用しましょう！

カロリー 319kcal ｜ 塩分 1.4g ｜ 保存 3日間

CHAPTER 03 レンチン&スピードおかず

しらたきキムチ

10min でスピードおかず

☑ グルコマンナン ☑ カプサイシン ☑ β-カロテン

【材料】(2人分)
しらたき(アク抜きタイプ) ……180g
キムチ ……100g
にら ……1束
ごま油、顆粒鶏ガラスープの素 …各小さじ1

【作り方】
1 しらたきはさっと洗い、食べやすい長さに切る。にらは4cm長さに切る。
2 フライパンにしらたきを入れ、から炒りする。
3 水分がとんだらごま油を入れ、にらとキムチを加えて1～2分炒める。
4 鶏ガラスープを加え、さっと炒める。

Erika's advice
キムチは商品によって味の濃さが違うので、鶏ガラスープの量は味をみて調節してください。アク抜きタイプではないしらたきを使う場合は、沸騰した湯でさっとゆでてから使いましょう。しらたきには水溶性食物繊維が豊富で、腸の働きを整えてくれる効果があります。キムチに使われる唐辛子には、血行促進効果があるカプサイシンが含まれています。

カロリー 121kcal ／ 塩分 3.6g ／ 保存 4日間

しらたきとピーマンのたらこバター

10min でスピードおかず

☑ グルコマンナン ☑ β-カロテン

【材料】(2～3人分)
しらたき(アク抜きタイプ) ……180g
ピーマン ……2個
たらこ ……30g
バター ……5g
しょうゆ ……少々

【作り方】
1 しらたきはさっと洗い、食べやすい長さに切る。ピーマンはヘタと種を除き、細切りにする。たらこは5mm幅に切る。
2 フライパンにしらたきを入れ、から炒りする。
3 水分がとんだらバターとピーマンを加え、ピーマンがしんなりするまで炒める。
4 たらこを加えて炒め、しょうゆを加えて調味する。

Erika's advice
しらたきは、最初にから炒りして水分をとばすことでぷりっとした食感に仕上がります。しらたきは100g当たり6kcalと低カロリー！ 煮物、炒め物、サラダなど、いろいろな料理に合わせられるのもうれしいですね。

カロリー 105kcal ／ 塩分 1.8g ／ 保存 4日間

103

ねぎマヨサラダ

和えるだけでスピードおかず

☑ 硫化アリル

【材料】（2〜3人分）
- 長ねぎ……1本
- ハム……2枚
- A 削り節……ひとつかみ
- マヨネーズ……大さじ1と1/2
- 砂糖……小さじ1
- しょうゆ……少々

【作り方】
1. 長ねぎは斜め薄切りにして5分ほど水にさらす。ハムは細切りにする。
2. ボウルに水気をきった長ねぎとハムを入れ、Aを加えて混ぜる。

Erika's advice
長ねぎを使ったサラダ！ ねぎとマヨネーズって意外に合うんです。ねぎ特有のツンとした香りは「硫化アリル」という成分によるもの。すぐれた抗菌・殺菌作用があり、風邪のひき始めに食べるといいといわれています。

カロリー 216kcal ／ 塩分 1.1g ／ 保存 3日間

トマトのはちみつレモン和え

和えるだけでスピードおかず

☑ ビタミンC ☑ カルシウム ☑ クエン酸

【材料】（2〜3人分）
- ミニトマト……10個程度
- はちみつ……大さじ1
- レモン汁……大さじ2
- 粉チーズ……適量
- 黒こしょう……適量

【作り方】
1. ミニトマトは洗ってへたを取り、縦半分に切る。
2. はちみつとレモン汁を混ぜ合わせ、ミニトマトを加えて和える。
3. 器に盛り、粉チーズとこしょうをふる。

Erika's advice
はちみつとレモンだけでも十分おいしいですが、さらに粉チーズをかけて、ちょっとおしゃれに♪ トマトには、抗酸化作用の強いビタミンCやリコピンが豊富に含まれています。活性酸素を除去して生活習慣の予防に役立ちます。また、粉チーズにはカルシウムが含まれていて、レモンのクエン酸は、カルシウムの吸収を高めてくれます。

カロリー 113kcal ／ 塩分 0.1g ／ 保存 3日間

CHAPTER 03 レンチン&スピードおかず

ブロッコリーと豆のマスマヨサラダ

☑ 食物繊維　☑ ビタミンC

10min でスピードおかず

【材料】(2〜3人分)
ブロッコリー …… 1個
ミックスビーンズ缶詰
　……… 1缶(110g)
A ヨーグルト
　…… 大さじ1と1/2
　マヨネーズ
　………… 大さじ1
　粒マスタード
　………… 小さじ2
塩、こしょう …各少々

【作り方】
1　ブロッコリーは小房に分けてゆで、ざるにあげる。
2　ボウルにAを入れて混ぜ、1とミックスビーンズを加えて混ぜ、塩、こしょうで味をととのえる。

Erika's advice

マヨネーズの量をほどほどにして、ヨーグルトを加えることで、カロリーを抑えつつ、さっぱりとしたおいしさに♪　ブロッコリーは水っぽくならないよう、ゆでたら水にさらさず、そのまま冷まします。豆類には食物繊維やカリウムが豊富で、ブロッコリーには美肌効果や免疫力アップ効果のあるビタミンCが豊富。

カロリー 320kcal　塩分 2.2g　保存 3日間

無限セロリ

レンチン! でスピードおかず

☑ ピラジン　☑ アピイン

【材料】(2〜3人分)
セロリ ………… 1本
ツナ缶 ………… 1缶
A しょうゆ、顆粒鶏ガラ
　スープの素、砂糖
　…… 各小さじ1/2
　ラー油 ……… 適量

【作り方】
1　セロリは茎の部分は斜め薄切り、葉は粗みじん切りにする。
2　耐熱容器に入れ、ラップをふんわりとかけ、電子レンジで2分加熱する。
3　出てきた水分を捨て、缶汁をきったツナとAを加えて混ぜる。

Erika's advice

どう調理するか悩みがちなセロリが、とってもおいしい副菜に大変身。おいしく仕上げるためにラー油は欠かせないので、なるべく省かずにお願いいたします!　セロリのすっきりとした香りはピラジンやアピインという成分によるもので、イライラや不安感を抑えるなどリラックス効果があるといわれています。

カロリー 77kcal　塩分 1.5g　保存 4日間

105

ししとうのオイル蒸し

10min でスピードおかず

☑ ビタミンE　☑ β-カロテン

【材料】(ししとうがらし10本分)
- ししとうがらし……10本
- にんにく………2かけ
- オリーブオイル………大さじ1
- 塩………小さじ2/3

【作り方】
1. にんにくは薄切りにする。
2. 鍋にししとうがらし、1、オリーブオイル、塩、水100ml(分量外)を入れ、ふたをして火にかける。
3. 中火で5分蒸し煮にして、ふたを取り、汁気が半分程度になったらでき上がり。

Erika's advice

ししとうがらしにはβ-カロテン、ビタミンC、ビタミンEなど抗酸化作用をもつ栄養素が豊富に含まれています。β-カロテンやビタミンEは、脂溶性のビタミンなので、油と一緒にとることで吸収が高まります。また、ししとうがらしのビタミンCは熱に強い性質もあることから、炒め物や揚げ物にも向いています。

| カロリー | 151kcal | 塩分 | 4.0g | 保存 | 5日間 |

なすとピーマンの焼き浸し

15min でスピードおかず

☑ ビタミンC　☑ ナスニン　☑ クロロゲン酸

【材料】(3〜4人分)
- なす………3本
- ピーマン………4個
- A 麺つゆ(3倍濃縮)………大さじ4
- みりん………大さじ2
- 酢………大さじ1
- 水………200ml
- サラダ油………大さじ3

【作り方】
1. なすはヘタを取って縦半分に切り、皮に細かく斜めの切り目を入れる。ピーマンは縦半分に切ってヘタと種を取る。
2. Aは保存容器に入れて混ぜる。
3. フライパンにサラダ油を中火で熱し、なすとピーマンを皮目を下にして並べる。3分焼いたら上下を返し、ふたをしてさらに3分焼く。
4. 2に漬ける。

Erika's advice

漬け汁がしみたなすとピーマンが最高においしくて幸せを感じる一品です。しかも、麺つゆを使って簡単&揚げずに少なめの油で焼くだけなのでヘルシーですよ。なすには、皮に含まれるナスニンや果肉に含まれるクロロゲン酸など、抗酸化作用の強い成分が豊富です。

| カロリー | 540kcal | 塩分 | 5.9g | 保存 | 5日間 |

CHAPTER 03 レンチン&スピードおかず

クリームチーズのごぼうサラダ

⏱ 15min でスピードおかず

☑ 食物繊維　☑ カルシウム

【材料】（2〜3人分）
- ごぼう……………1本
- にんじん…………2/3本
- コーン缶詰………1缶
- A クリームチーズ
　　　………………50g
　　みそ………大さじ2
　　酢、砂糖
　　　………各小さじ2
- 塩、こしょう……各少々

【作り方】
1　ごぼう、にんじんは細切りにする。
2　Aは混ぜ合わせる。クリームチーズが固ければ、電子レンジで10秒ほど加熱する。
3　1を熱湯でゆでて水気をきり、ボウルに入れる。コーンと2を加えて混ぜ、塩、こしょうで味をととのえる。

Erika's advice
ごぼうサラダは、マヨネーズとすりごまを入れるのが定番ですが、クリームチーズとみそで作ってみました。チーズの風味とコクが出て、たまらないおいしさ。マヨネーズやごまを使うよりも脂質を抑えられ、カルシウムをとれるのもいいところ。クリームチーズのカルシウム量は、ほかのチーズにくらべて少なめですが多少でもとれるのはありがたいですね。

カロリー 422kcal ｜ 塩分 3.5g ｜ 保存 3日間

ジャンだれ厚揚げ

⏱ 15min でスピードおかず

☑ たんぱく質　☑ カプサイシン

【材料】（2〜3人分）
- 厚揚げ……………2枚
- 長ねぎ……………1本
- A トマトケチャップ、みりん
　　　………各大さじ2
　　コチュジャン…大さじ1
　　しょうゆ、砂糖
　　　………各小さじ1
　　おろしにんにく
　　　………小さじ1/2
- 白炒りごま………適量

【作り方】
1　厚揚げは一口サイズに切る。長ねぎはみじん切りにする。
2　フライパンを火にかけ、厚揚げを入れ、中火でカリッとするまで焼く。
3　ボウルに長ねぎとAを入れて混ぜ合わせ、2を加えてからめ、炒りごまをふる。

Erika's advice
厚揚げはトースターで焼いてもOKです！ ジャンだれは、厚揚げ以外にもお肉や揚げなすなどにからめてもおいしいですよ。たれを一つ覚えておくと料理のレパートリーが広がるのでおすすめです。厚揚げはたんぱく質が豊富で、お肉にくらべてヘルシー&低価格。豆腐より食べごたえがあるので、満足感の高いメニューができるのが魅力です。

カロリー 424kcal ｜ 塩分 4.5g ｜ 保存 3日間

Column

＼作りおきにプラス／
炊き込みごはんレシピ

お米と一緒に材料を入れて炊飯器で炊くだけ♪
簡単なのにとってもおいしいです。

カレーピラフ

【材料】(米2合分)
米 …………………………… 2合
ミックスベジタブル ………… 100g
ソーセージ ………………… 2本
A カレー粉、トマトケチャップ
　 ………………………… 各小さじ2
　 おろしにんにく、おろししょうが
　 ………………………… 各小さじ1/2
固形コンソメ ……………… 1個
塩、こしょう ………………… 各少々
バター(好みで) …………… 適量

【作り方】
1　米は洗い、ざるに上げ、炊飯器の内釜に入れてAを加える。
2　2合の目盛りより少なめに水を入れ、よく混ぜ、ミックスベジタブル、薄切りにしたソーセージ、コンソメをのせて炊飯器で炊く。
3　炊き上がったら、塩、こしょうをふり、好みでバターを加えて混ぜる。

カロリー 1297kcal

さば缶としょうがの炊き込みごはん

【材料】(米2合分)
米 …………………………… 2合
さばの水煮缶詰 …………… 1缶
しょうが …………………… 2かけ
白だし ……………………… 大さじ3
酒 …………………………… 大さじ1

【作り方】
1　米は洗い、ざるに上げ、炊飯器の内釜に入れて白だしと酒を加えて軽く混ぜたら、2合の目盛りまで水を入れる。
2　せん切りにしたしょうが、缶汁をきったさばをのせて、炊飯器で炊く。
3　炊き上がったら、さばをほぐしながら混ぜる。

カロリー 1349kcal

鮭とコーンの炊き込みごはん

【材料】(米2合分)
米 …………………………… 2合
鮭(無塩) …………………… 2切れ
コーン缶詰 ………………… 1缶
固形コンソメ ……………… 1と1/2個
バター ……………………… 10g

【作り方】
1　米は洗い、ざるに上げ、炊飯器の内釜に入れて2合の目盛りまで水を入れる。
2　缶汁をきったコーンを加え、鮭を並べる。あいているところにコンソメをのせ、炊飯器で炊く。
3　炊き上がったら鮭をいったん取り出し、骨と皮を取り除いてから戻し入れる。バターを加えてほぐしながら混ぜる。

カロリー 1449kcal

CHAPTER.04

さば&いわし缶の おかず

記憶力アップや血液サラサラなど、さば缶にはさまざまな健康効果が期待できますが、何よりさば缶はおいしい！ しかも料理が簡単！ だけどメニューがワンパターンになりがちなんですよね。そこで、毎日の食事にもっとさば缶を活用したい人のために、ヘルシーでおいしくて、もちろん簡単なレシピを集めました。少しですが、いわし缶のレシピもありますよ♪

いわし缶で
Sardine

いわし缶そぼろ

☑ たんぱく質 ☑ カルシウム ☑ ビタミンD ☑ DHA・EPA

【材料】(作りやすい分量)
いわしの味つき缶詰
　‥‥‥‥‥‥ 2缶
しょうが ‥‥‥ 1かけ
しょうゆ、みりん
　‥‥‥‥ 各大さじ1/2

【作り方】
1　しょうがは皮をむき、みじん切りにする。
2　フライパンにいわしを缶汁ごと入れて火にかけ、ほぐしながら炒める。
3　水分がとんだらしょうゆとみりんを加えて炒め、汁気がなくなったらでき上がり。

Erika's advice

いわし缶には、たんぱく質、カルシウム、ビタミンD、DHA・EPAなどが豊富に含まれています。そのまま食べてももちろんおいしいですが、そぼろにしておくと使い勝手がよく、作りおきにおすすめです。ごはんにのせたり混ぜ込んでおにぎりにしたり、パスタ、サラダのトッピングや、ゆでた青菜類と和えるのも◎。

| カロリー | 457kcal | 塩分 | 4.1g | 保存 | 5日間 |

CHAPTER 04 さば&いわし缶のおかず

さば缶と大根のゆずこしょう煮

☑ たんぱく質　☑ カルシウム　☑ ビタミンD　☑ DHA・EPA　☑ 食物繊維　☑ ビタミンC

【材料】(2人分)
さばの水煮缶詰……1缶
大根……………10cm
だし汁…………300ml
A みりん………小さじ2
　ゆずこしょう
　………………大さじ1/2

【作り方】
1　大根は皮をむき、1cmの厚さのいちょう切りにする。
2　鍋にだし汁と1を入れて火にかけ、やわらかくなるまで煮る。
3　Aとさばを缶汁ごと加えて、2～3分煮る。

 Erika's advice

さば缶はいわし缶と同様に、汁にも栄養がたっぷり含まれているので、汁ごと使うのがおすすめです。野菜と一緒に調理することで、さばに含まれない食物繊維やビタミンCも一緒にとることができ、栄養バランスがアップします。

カロリー 319kcal　塩分 3.5g　保存 4日間

さば缶の南蛮漬け

☑ たんぱく質　☑ カルシウム　☑ ビタミンD　☑ DHA・EPA　☑ β-カロテン

【材料】（2人分）
さばの水煮缶詰 ……… 1缶
にんじん ……………… 1/4本
ピーマン ……………… 1個
玉ねぎ ………………… 1/4個
A だし汁 …………… 100ml
　酢 ………………… 大さじ2
　しょうゆ …… 大さじ1と1/2
　砂糖 ……………… 大さじ1
　赤唐辛子（小口切り）
　　 ……………… 大さじ1/2

【作り方】
1　にんじんはせん切り、ピーマンはヘタと種を除き細切り、玉ねぎは薄切りにする。
2　耐熱皿に1、A、さば缶の汁を入れてラップをふんわりとかけ、電子レンジで1分30秒加熱する。
3　2にさばを加え、漬ける。

Erika's advice
さば缶を使った南蛮漬け風です。さば缶は加熱する必要がなくそのまま食べることができるので、フライパン不要で簡単に作ることができます。たんぱく質、カルシウム、ビタミンD、DHA・EPAなど栄養も豊富に含まれています。

カロリー 362kcal　塩分 5.3g　保存 4日間

CHAPTER 04 さば&いわし缶のおかず

さば缶となすのみそ煮

☑ たんぱく質　☑ カルシウム　☑ ビタミンD　☑ DHA・EPA　☑ ナスニン　☑ カリウム

【材料】(2人分)
さばのみそ煮缶詰………1缶
なす………………………2本
サラダ油…………大さじ1

【作り方】
1　なすはヘタを取り乱切りにする。
2　鍋にサラダ油を中火で熱し、1を入れて炒める。しんなりしたら、さばを缶汁ごと加えて弱火で3分煮る。

さば缶で
Mackerel

Erika's advice
さば缶にはDHAやEPAが豊富で、血行をよくして血液サラサラ効果が期待できます。缶詰には汁にも栄養がたっぷり溶け出ているので、汁ごと使うのがおすすめ。野菜と一緒に煮れば、味つけ不要でおいしい一品が簡単にでき上がります。

カロリー 471kcal　塩分 1.8g　保存 4日間

小松菜のいわし缶和え

☑ DHA・EPA　☑ β-カロテン　☑ カルシウム

【材料】（2人分）
小松菜 ………… 1束
にんじん ……… 1/3本
いわしの味つき缶詰
　　　……… 1缶（100g）
しょうゆ …… 小さじ1

【作り方】
1　小松菜は4cm長さに切る。にんじんはせん切りにする。
2　鍋に湯を沸かし、1を入れて1分ゆでる。冷水にとり冷ましたら、水気を絞る。
3　ボウルに2、いわしと缶汁小さじ1、しょうゆを入れていわしをほぐしながら混ぜる。

Erika's advice

いわしはさばなどと同じ青魚でDHAやEPAが豊富。血液サラサラ効果や、記憶力の向上に効果があるといわれています。DHA・EPAは酸化しやすい特徴がありますが、空気に触れにくい缶詰なら効率的に栄養をとることができます。また缶詰なら、いわしの骨まで食べることができるので、カルシウム補給にも最適。小松菜にも豊富なカルシウムが含まれています。

カロリー 271kcal　塩分 2.3g　保存 4日間

さば缶とキャベツのレモン蒸し

☑ DHA・EPA　☑ カルシウム　☑ クエン酸

【材料】（1人分）
キャベツ
　　…… 大きめの葉1～2枚
さばの水煮缶詰 ……… 1缶
レモン汁 ……… 大さじ1
しょうゆ ………… 少々
粗びき黒こしょう …… 適量

【作り方】
1　キャベツはざく切りにする。
2　耐熱皿に1を敷き、その上に缶汁をきったさばの水煮をのせ、レモン汁をまわしかける。
3　ふんわりとラップをかけて電子レンジで3分加熱する。しょうゆをまわしかけ、こしょうをたっぷりとふる。

Erika's advice

レモンのクエン酸にはカルシウムの吸収を高める効果があるので、カルシウムの多い食品ととるのがおすすめです。さば缶なら骨までまるごと食べることができるので、カルシウムをたっぷりとることができます。

カロリー 511kcal　塩分 0.6g　保存 2日間

CHAPTER 04 さば&いわし缶のおかず

さば缶で Mackerel
さば缶カレー

☑ たんぱく質　☑ DHA・EPA　☑ クルクミン

【材料】(2〜3人分)
さばの水煮缶詰…………1缶
にんじん………………1本
玉ねぎ…………………1個
しいたけ………………3個
A トマトケチャップ…大さじ4
　麺つゆ(3倍濃縮)…大さじ2
　カレー粉……大さじ1と1/2
　おろしにんにく、
　　おろししょうが
　　………………各小さじ1/2
サラダ油………………適量

【作り方】
1　にんじん、玉ねぎ、しいたけはみじん切りにする。
2　フライパンにサラダ油を中火で熱し、1と缶汁をきったさばの水煮を入れ、さばをほぐしながら炒める。
3　野菜がしんなりとするまで炒めたら、Aを加え混ぜる。

Erika's advice
カレールーには油脂が多く含まれるので、ダイエット中は気になる人も多いのではないでしょうか。このレシピはルーではなくカレー粉を使うので、カロリーが気になる人も安心して食べられます。

カロリー 604kcal　塩分 6.7g　保存 4日間

☑ DHA・EPA　☑ β-カロテン　☑ ペリルアルデヒド

さば缶で Mackerel
春菊のさばみそ和え

【材料】(2〜3人分)
さばのみそ煮缶詰
　………………1缶
春菊……………1袋
にんじん………4cm
すりごま……大さじ1

【作り方】
1　春菊は4cm長さに切る。にんじんはせん切りにする。
2　鍋に湯を沸かし、1を入れて30秒ゆでる。ざるにあげて冷水で冷ましたら水気を絞る。
3　ボウルに入れ、すりごまとさばのみそ煮を缶汁ごと加え、さばをほぐしながら混ぜる。

Erika's advice
春菊は香りと食感を残すために、短めにゆでるのがポイント。材料4つだけでとても簡単なうえ、さば缶は汁ごと使うので汁に溶け出たDHAなども余すことなくとることができます。春菊に含まれるペリルアルデヒドという成分は、胃腸の働きを活性化し、胃もたれ解消、食欲増進などの働きが期待できます。

カロリー 443kcal　塩分 2.2g　保存 4日間

さば缶とピーマンの塩昆布和え

☑ビタミンC ☑DHA・EPA ☑たんぱく質

【材料】（2〜3人分）
さばの水煮缶詰 …… 1缶
ピーマン ……… 5個
塩昆布 ………… 5g
ごま油 …… 小さじ2
白炒りごま …… 適量

【作り方】
1　ピーマンはヘタと種を除き、細切りにする。耐熱容器に入れてふんわりとラップをかけて電子レンジで2分加熱する。
2　水分が出ていたら捨て、缶汁をきったさばの水煮、塩昆布、ごま油、炒りごまを加え、さばをほぐしながら混ぜる。

| カロリー | 417kcal | 塩分 | 2.3g | 保存 | 4日間 |

Erika's advice

ピーマンは、繊維を断つように横に切りましたが、縦に切ってもOKです。横に切ると柔らかい食感で、縦だとシャキッとした食感になります。また、縦に切ったほうがピーマンの細胞が傷つきにくいので、苦みが抑えられます。なのでピーマンの苦みが苦手な人は、縦に切るのがおすすめです(^^)

いわし缶ピカタ

☑DHA・EPA ☑カルシウム ☑たんぱく質

【材料】（2〜3人分）
いわしの水煮缶詰
　…………… 2缶
卵 ……………… 1個
粉チーズ …… 大さじ1
薄力粉 ……… 大さじ2
トマトケチャップ、
　粗びき黒こしょう、
　ドライパセリ
　……………… 各適宜
サラダ油 ……… 適量

【作り方】
1　卵は割りほぐし、粉チーズを入れて混ぜる。
2　いわしは缶汁をきり、薄力粉、1の順にまぶす。
3　フライパンにサラダ油を熱し、2を並べ、中火で両面焼く。
4　お好みでトマトケチャップ、こしょう、ドライパセリをかけてでき上がり。

| カロリー | 618kcal | 塩分 | 3.4g | 保存 | 4日間 |

Erika's advice

そのままでもおいしく食べられるいわし缶ですが、ちょっと一工夫ほしいな、というときにおすすめのレシピです！　いわし缶が一気におしゃれな一品になりますよ♪　不足しがちなカルシウムもしっかりとることができます。

CHAPTER 04 さば&いわし缶のおかず

さば缶ときのこのトマト煮

 DHA・EPA リコピン ☑食物繊維

【材料】（2～3人分）
- さばの水煮缶詰 …… 2缶
- トマトの水煮缶詰 …… 1缶
- しめじ …… 1/2パック
- エリンギ …… 1本
- 固形コンソメ …… 1/2個
- 砂糖 …… 小さじ1
- 粉チーズ …… 適量

【作り方】
1 しめじは石づきを落とし、ほぐす。エリンギは食べやすい長さに切って薄切りにする。
2 鍋にさばの水煮とトマトの水煮を缶汁ごと入れ、砕いた固形コンソメと砂糖も加え、火にかける。
3 煮立ったら1を加え、ふたをして弱火で3分ほど煮る。食べるときに粉チーズをかける。

 Erika's advice
さば缶には、DHAやEPAが豊富ですが、とくに缶汁に多く含まれるので、汁ごと料理に使うのがおすすめです。また、トマトのリコピン、ビタミンC、ビタミンAは、缶詰でも栄養が保たれていて、加熱で甘みやうまみがアップするので、加熱調理がおすすめです♪

カロリー 738kcal｜塩分 4.1g｜保存 4日間

さば缶と切り干し大根の中華サラダ

☑食物繊維 ☑DHA・EPA ☑カリウム ☑カルシウム

【材料】（2～3人分）
- さばの水煮缶詰 …… 1缶
- 切り干し大根 …… 40g
- A 酢 …… 大さじ1
  しょうゆ、砂糖、ごま油 …… 各小さじ2
- 白炒りごま …… 適量

【作り方】
1 切り干し大根は水で戻し、水気を絞る（戻し時間は3分程度がおすすめ）。
2 ボウルにAを入れて混ぜ、缶汁をきったさばの水煮と1を加えて、さばをほぐしながら混ぜる。炒りごまをふる。

Erika's advice
切り干し大根は、干すことで水分が抜けて栄養価がアップしています。生の大根とくらべると、カリウムは約14倍、カルシウムは約23倍、鉄分は約49倍にもなるんです！ 戻し時間を短めに3分ぐらいにすると、歯ごたえがあっておいしいですよ。時短にもなるのでおすすめです。切り干し大根はうまみもたっぷりなので、戻し汁はスープや煮物に使えます。

カロリー 545kcal｜塩分 3.4g｜保存 4日間

117

Column

体にいい！
おやつレシピ

電子レンジや鍋、冷蔵庫で冷やすだけでできる、簡単おやつ。
ヘルシーなので、お子さんはもちろん、ダイエット中の人にも◎。

豆腐ティラミス

【材料】(直径18cmの器1個分)
絹ごし豆腐‥‥‥‥‥‥‥‥‥3丁
砂糖‥‥‥‥‥‥‥‥‥‥大さじ5
インスタントコーヒー‥‥‥‥適量
湯‥‥‥‥‥‥‥‥‥‥‥‥‥適量
ビスケット‥‥‥‥‥‥‥‥‥適量
ココアパウダー‥‥‥‥‥‥‥適量

【作り方】
1 インスタントコーヒーに湯を注ぎ、濃いめのコーヒー液を作る。
2 豆腐はしっかり水気をきり、フードプロセッサーかハンドブレンダーにかけてなめらかにする。砂糖も加え、さらに撹拌してクリーム状にする。
3 器にビスケットを適量敷き、**1**を適量かけ、**2**の半量をのせる。その上にまた、ビスケットをのせ、**1**をかけ、残りの**2**をのせる。
4 冷蔵庫で2時間ほど冷やしたら、ココアパウダーをふってでき上がり。

カロリー 1024kcal

チーズ蒸しパン

【材料】(マフィン型2個分)
牛乳‥‥‥‥‥‥‥‥‥‥‥70ml
米粉‥‥‥‥‥‥‥‥‥‥‥‥50g
粉チーズ‥‥‥‥‥‥‥‥大さじ1
サラダ油‥‥‥‥‥‥‥‥大さじ1/2
砂糖‥‥‥‥‥‥‥‥‥‥小さじ2
ベーキングパウダー‥‥‥小さじ1

【作り方】
1 ボウルにすべての材料を入れ、泡立て器で混ぜる。
2 マフィン型に**1**を半量ずつ注ぎ、電子レンジで1分30秒加熱する。

カロリー 330kcal

ミルクもち

【材料】(1人分)
牛乳‥‥‥‥‥‥‥‥‥‥‥100ml
片栗粉‥‥‥‥‥‥‥‥大さじ1と1/2
きな粉‥‥‥‥‥‥‥‥‥‥‥適量
黒蜜‥‥‥‥‥‥‥‥‥‥‥‥適量

【作り方】
1 小鍋に牛乳と片栗粉を入れ、粉っぽさがなくなるまでよく混ぜる。
2 弱めの中火にかけ、とろみがつくまで木べらで混ぜる。おもちのような状態になったら、木べらでひとまとめにして皿に盛る。
3 仕上げにきな粉をまぶし、黒蜜をかける。

カロリー 131kcal

CHAPTER.05

調味料1つで作るおかず

料理をするのが面倒に感じるとき、たくさんの種類の調味料を使って味つけするメニューは、かなりハードルが高いですよね。レシピにズラリ並ぶ材料を見ただけで、頭がくらくらしてきます……。そんなお疲れモードな日におすすめなのが、調味料1つで完成するおかず！ ポン酢や市販のたれを使えば失敗もなく、パパッと一品作れちゃいます！

焼肉のたれで

焼肉のたれで豆腐の照り焼き

☑ たんぱく質 ☑ 大豆イソフラボン

【材料】(2～3人分)
木綿豆腐……………………1丁
焼肉のたれ……………大さじ3
サラダ油……………………適量

【作り方】
1 豆腐はしっかり水をきり、食べやすい大きさに切る。
2 フライパンにサラダ油を中火で熱し、豆腐を並べて両面焼く。
3 焼肉のたれを加えて、煮詰めながら全体にからめる。

Erika's advice

豆腐は低脂質、高たんぱくでダイエットにもおすすめの食材。豆腐に含まれる大豆イソフラボンには強い抗酸化作用があり、また女性ホルモンと似た働きをして骨粗しょう症予防や美肌作りに役立ちます。

| カロリー | 325kcal | 塩分 | 2.9g | 保存 | 3日間 |

CHAPTER 05 調味料1つで作るおかず

ポン酢で

手羽元のポン酢煮

☑ ビタミンA　☑ 硫化アリル

【材料】(2～3人分)
鶏手羽元……10本
長ねぎ………1本
ポン酢………100mℓ
サラダ油……適量

【作り方】
1　長ねぎは4cm長さのぶつ切りにする。
2　フライパンにサラダ油を中火で熱し、手羽元を入れて転がしながら焼き、焼き目をつける。
3　1とポン酢、水100mℓ(分量外)を加え、ふたをして弱火で約10分煮る。

Erika's advice
手羽元にはビタミンAが豊富に含まれています。ビタミンAは目や皮膚の健康を保つのに役立つ栄養素です。

カロリー 798kcal　塩分 6.5g　保存 4日間

昆布茶で

セロリの昆布茶漬け

☑ アピイン　☑ 食物繊維　☑ カリウム

【材料】(セロリ1本分)
セロリ ……… 1本
昆布茶 …小さじ1

【作り方】
1　セロリは、茎の部分は筋を取り斜め薄切りに、葉はざく切りにする。
2　ポリ袋に1と昆布茶を入れてもみ込む。

> Erika's advice
>
> セロリの独特な香り成分、アピインには神経の興奮を鎮める働きがあり、ストレスの緩和に役立ちます。食物繊維やカリウムも豊富に含まれています。セロリは葉の部分にも多くの栄養を含んでいるので、茎と一緒に刻んで食べるのがおすすめです。

| カロリー | 17kcal | 塩分 | 1.1g | 保存 | 4日間 |

CHAPTER 05 調味料1つで作るおかず

手羽中キムチ

☑ たんぱく質 ☑ カプサイシン

| カロリー 419kcal | 塩分 0.7g | 保存 4日間 |

【材料】（2〜3人分）
鶏手羽中‥‥‥‥‥‥‥‥‥‥250g
キムチの素‥‥‥‥‥‥大さじ1と1/2
サラダ油‥‥‥‥‥‥‥‥‥‥‥適量

キムチの素で

【作り方】
1　ポリ袋にキムチの素と手羽中を入れてもみ込み、30分以上おく。
2　フライパンにサラダ油を中火で熱し、1を並べ入れて両面焼く。

Erika's advice
焼くときはアルミホイルをふわっとかぶせておくと油はね防止になります。手羽中にはたんぱく質やビタミンAが豊富。ビタミンAは肌や粘膜、目の健康を保つ働きがあります。キムチの素に使われている唐辛子にはカプサイシンという成分が含まれます。カプサイシンは血行を促進する働きがあり、脂肪燃焼や、体を温めて冷え改善などに役立ちます。

たっぷりきのこの しょうが焼き

☑ 食物繊維 ☑ ビタミンB群 ☑ カリウム

| カロリー 86kcal | 塩分 1.6g | 保存 4日間 |

【材料】（2〜3人分）
まいたけ‥‥‥‥‥‥‥‥‥‥1パック
しめじ‥‥‥‥‥‥‥‥‥‥1/2パック
エリンギ‥‥‥‥‥‥‥‥‥‥‥1本
しょうが焼きのたれ(市販)‥‥‥大さじ?
白炒りごま‥‥‥‥‥‥‥‥‥‥適量
ごま油‥‥‥‥‥‥‥‥‥‥‥‥適量

しょうが焼きのたれで

【作り方】
1　しめじは石づきを落とし、まいたけとともに食べやすい大きさにほぐす。エリンギは厚さ2〜3mmの薄切りにする。
2　フライパンにごま油を中火で熱し、1を入れて炒める。きのこをあまり動かさず、焼き目をつけるようにする。
3　しょうが焼きのたれを加えてからめ、炒りごまをふる。

Erika's advice

きのこは食物繊維が豊富なので、おなかの調子を整えて便秘の予防や改善にも◎。さらにきのこには、健康的な肌や髪を作るビタミンB群や、むくみを解消しやすくするカリウムも多く含まれています。

123

焼肉のたれで鶏そぼろ

☑ たんぱく質

| カロリー | 680kcal | 塩分 | 6.3g | 保存 | 5日間 |

【材料】(作りやすい分量)
鶏ひき肉 …………………… 300g
焼肉のたれ ………………… 大さじ4

【作り方】
1　フライパンに焼肉のたれと水150ml(分量外)を入れて混ぜ、ひき肉を加えてほぐす。
2　中火にかけ、水分がなくなるまでほぐしながら炒める。

焼肉のたれで

Erika's advice
鶏ひき肉は牛や豚のひき肉にくらべて脂肪が少なく低カロリー。ダイエット中におすすめです。火をつける前にたれの中でひき肉をよくほぐしておくと、ポロポロのそぼろ状にしやすいです♪　また、小さめの泡立て器があれば、炒めるときに使ってみてください。菜箸よりほぐしやすいです。

梅じゃこひじき

☑ カルシウム　☑ クエン酸　☑ 食物繊維

| カロリー | 142kcal | 塩分 | 4.9g | 保存 | 4日間 |

【材料】(作りやすい分量)
ひじき(乾燥) ……………… 15g
カリカリ梅 ………………… 2個
ちりめんじゃこ …………… 7g
ポン酢 ……………………… 大さじ3
ごま油 ……………………… 小さじ2

【作り方】
1　ひじきは水で戻す。カリカリ梅は種を除いてみじん切りにする。
2　ひじきをフライパンに入れてから炒りする。水分がとんだらごま油とちりめんじゃこを加えて炒める。
3　ポン酢を加えて汁気がなくなるまで炒めたら、カリカリ梅を混ぜる。

ポン酢で

Erika's advice
ちりめんじゃこやひじきにはカルシウムが豊富で、骨や歯を作るのに役立ちます。酢が含まれるポン酢やカリカリ梅にはカルシウムの吸収を高める効果があるので、栄養面での組み合わせも◎。ひじきには食物繊維が豊富なので、血糖値の改善や便秘に悩む人にもおすすめです。

CHAPTER 05 調味料1つで作るおかず

かぶと豚バラの塩麹炒め

☑ β-カロテン ☑ カリウム ☑ たんぱく質

| カロリー | 893kcal | 塩分 | 5.4g | 保存 | 4日間 |

【材料】（2〜3人分）
豚バラ薄切り肉・・・・・・・・・・・・・・・200g
塩麹・・・・・・・・・・・・・・・・・・・大さじ2
かぶ・・・・・・・・・・・・・・・・・・・小3個

塩麹で

【作り方】
1　豚バラ肉は食べやすい大きさに切り、塩麹大さじ1をもみ込み、5分ほどおく。
2　かぶは、葉の部分は4cm長さに切り、根は皮をむき6等分のくし形に切る。
3　フライパンを中火で熱して1を入れて炒める。半分ほど色が変わったら、かぶの根を入れて1分炒める。
4　ふたをして弱火で4分蒸し焼きにする。
5　ふたを取り、かぶの葉と塩麹大さじ1を加えて強火で1分ほど炒める。

Erika's advice
材料3つだけでできます。シンプルイズベスト！塩麹はほかの調味料を入れなくても、これだけでおいしくなるから本当に万能(^^) かぶは、根にはカリウムが豊富で、葉にはβ-カロテンが豊富です。

鶏肉と大根のオイスター炒め

☑ たんぱく質 ☑ β-カロテン ☑ カリウム

| カロリー | 916kcal | 塩分 | 3.6g | 保存 | 4日間 |

【材料】（2〜3人分）
鶏もも肉・・・・・・・・・・・・・・・・・300g
大根・・・・・・・・・・・・・・・10cm(260g)
にんにくの芽・・・・・・・・・・・・・・・1束
A　オイスターソース・・・・・・大さじ1と1/2
　　おろしにんにく・・・・・・・・・・小さじ1
ごま油・・・・・・・・・・・・・・・・・・適量

オイスターソースで

【作り方】
1　大根は皮をむき、1cm厚さのいちょう切りにする。耐熱容器に入れ、ふんわりとラップをかけて電子レンジで4分加熱する。
2　鶏肉は一口大に切る。にんにくの芽は4cm長さに切る。
3　フライパンにごま油を中火で熱し、鶏肉を炒める。だいたい火が通ったら1とにんにくの芽を加えて2〜3分炒め、Aも加えて混ぜる。

Erika's advice
にんにくの芽は炒め物に使うとシャキシャキした食感と香りがプラスされて、食欲がかき立てられる一品になるのでおすすめです♪　にんにくの芽はβ-カロテンやカリウム、食物繊維などが豊富。

125

Column

\体にいい！/
スムージーレシピ

スムージーはミキサーで材料を混ぜるだけなのでとっても簡単。
手軽に野菜や果物をとることができるので、忙しい朝におすすめです。

トマトのスムージー

【材料】（1人分）
トマト ……………………… 小1個
ヨーグルト ………………… 大さじ3
はちみつ …………………… 大さじ1

【作り方】
1　トマトは適当な大きさに切る。
2　ミキサーにトマト、ヨーグルト、はちみつを入れて攪拌する。グラスに注いで、でき上がり。

黒ごまと小松菜のスムージー

【材料】（1人分）
小松菜 ……………………… 1株
ねりごま（黒）……………… 大さじ1
バナナ ……………………… 1本
豆乳 ………………………… 200㎖

【作り方】
1　小松菜はざく切りに、バナナも適当な大きさに切る。
2　ミキサーに1、ねりごま、豆乳を入れて攪拌する。グラスに注いで、でき上がり。

ほうれん草とバナナのスムージー

【材料】（1人分）
ほうれん草 ………………… 1/3束
バナナ ……………………… 1/2本
豆乳 ………………………… 200㎖
レモン汁 …………………… 小さじ1

【作り方】
1　ほうれん草は根元を切り、ざく切りにする。バナナも適当な大きさに切る。
2　ミキサーに1、豆乳、レモン汁を入れて攪拌する。グラスに注いで、でき上がり。

カロリー 114kcal

カロリー 310kcal

カロリー 176kcal

CHAPTER.06

野菜大量消費レシピ

野菜はついつい買いすぎてしまったり、予想外にたくさんいただいたりして使いきれず、困ってしまうことがありますよね。野菜室を開けるたび、「これ、使わなきゃ…」とプレッシャーを感じるのもいやなものです。そんなときにおすすめなのが、野菜を大量に消費できちゃうレシピ。野菜の元気がなくなる前に、一気に作っておいしく食べきっちゃいましょう！

塩もみ大根の炒めナムル

大根 1/3本消費

☑ 食物繊維　☑ ビタミンC

【材料】（2～3人分）
大根 …………………… 1/3本
塩 ………………… 小さじ1
A 顆粒鶏ガラスープの素、砂糖
　　　　　　　　各小さじ1/2
　白炒りごま ……………… 適量
ごま油 …………… 大さじ1/2

【作り方】
1　大根は細切りにして塩をまぶして数分おき、水気を絞る。
2　フライパンにごま油を中火で熱して1を炒め、Aを加えて混ぜる。

Erika's advice
大根は1本が大きく、余りがちな食材の一つですが、塩もみすることでかさが減り、たくさんの量を食べられます。食物繊維が多く含まれているので、おなかの調子を整えるのに役立ちます。また、低カロリーなのでダイエット中にもおすすめです。

カロリー 88kcal ／ 塩分 3.7g ／ 保存 5日間

CHAPTER 06 野菜大量消費レシピ

にんじんとツナの
マスタードサラダ

β-カロテン

【材料】（2〜3人分）
- にんじん……………1本
- ツナ缶詰……………1缶
- 塩………………小さじ1/2
- A 粒マスタード……大さじ1
  オリーブオイル
  　　　　……………大さじ1/2
- 粗びき黒こしょう……適量

【作り方】
1　にんじんはせん切りにして塩をふり、5分ほどおいて水気を絞る。
2　ボウルに1と缶汁をきったツナを入れ、Aを加えて混ぜる。仕上げにこしょうをふる。

Erika's advice

にんじんはβ-カロテンが豊富に含まれています。β-カロテンは体内で必要量がビタミンAに変わり、肌や目の健康を保つのに役立ちます。ビタミンAに変わらなかった分は抗酸化物質として働きます。β-カロテンは油ととることで吸収が高まります。

カロリー 169kcal ／ 塩分 3.9g ／ 保存 4日間

水菜のごま酢サラダ

水菜 1束 消費

☑ 食物繊維　☑ β-カロテン　☑ ビタミンC　☑ カリウム

【材料】（2〜3人分）
水菜……………………1束
A 酢、白すりごま
　　…………各大さじ2
　しょうゆ………大さじ1
　砂糖……………小さじ2

【作り方】
1　水菜は4cm長さに切り、沸騰した湯でさっとゆでて冷水にとり、水気を絞る。
2　ボウルにAを入れて混ぜ、1も加えて混ぜる。

Erika's advice
水菜には食物繊維、β-カロテン、ビタミンC、カリウムなどが多く含まれています。さっとゆでてから水気を絞って使うことで、保存中に水分が出にくくなり、長もちします。

カロリー 197kcal　塩分 2.8g　保存 3日間

ピーマンのバターポン酢

ピーマン 5〜6個 消費

☑ ビタミンC　☑ β-カロテン　☑ 食物繊維

【材料】（2〜3人分）
ピーマン………………5〜6個
ポン酢………大さじ1と1/2
砂糖………………小さじ1
バター……………………10g

【作り方】
1　ピーマンはヘタと種を除き、乱切りにする。
2　フライパンにバターを溶かし、1を入れてふたをし、弱火で3分ほど蒸し焼きにする。
3　ふたを取り、ポン酢と砂糖を加え、煮詰めながら全体にからめる。

Erika's advice
ピーマンにはビタミンCやβ-カロテン、食物繊維が豊富に含まれています。ピーマンのビタミンCは加熱しても壊れにくいのが特徴。じっくり加熱することで独特の苦みが消え、甘みが増して食べやすくなります。

カロリー 136kcal　塩分 1.5g　保存 4日間

ぽりぽり大根

大根 1/3本 消費

☑ ビタミンC　☑ イソチオシアネート

【材料】(大根 1/3本分)
大根 …… 1/3本(350g程度)
A しょうゆ …… 80㎖
　酢 …… 80㎖
　砂糖 …… 50g
　赤唐辛子(小口切り)
　　…… 適量
　　(小さじ1程度)

【作り方】
1　大根は皮をむき、約1cm角の拍子木切りにして、保存容器に入れる。
2　小鍋にAを入れて火にかけ、沸騰したら1にかけ、半日ほど漬ける。

Erika's advice
大根にはでんぷんの消化を助けるアミラーゼやたんぱく質を分解するプロテアーゼなど、消化酵素が多く含まれています。そのため胃もたれや胸焼けなど、弱った胃腸にもやさしい食材。大根の辛味成分イソチオシアネートは血液サラサラ効果や、抗菌・抗炎症作用があるので、風邪の引き始めなどにもおすすめです。また、ビタミンCも多く含まれています。

カロリー 177kcal　塩分 4.6g　保存 6日間

無限白菜

白菜 5〜6枚 消費

☑ カリウム　☑ 食物繊維　☑ ビタミンC

【材料】(白菜5〜6枚分)
白菜 …… 5〜6枚
塩 …… 小さじ1
ツナ缶詰 …… 1缶
A ごま油
　　…… 小さじ1と1/2
　塩昆布
　　…… 適量(7g程度)
　砂糖 …… 小さじ1/2
　白炒りごま …… 適量

【作り方】
1　白菜は横に細切りにする。塩をふって5分おき、水気を絞る。
2　ボウルに入れ、缶汁をきったツナとAを入れ、混ぜる。

Erika's advice
白菜には、風邪予防や美肌づくりに役立つビタミンCや高血圧の改善に効果があるカリウムなどが多く含まれます。とはいえ、白菜のほとんどは水分なので、栄養価はそこまで高くない食材。ですが、食物繊維が豊富で低カロリーなので、整腸やダイエット、また芯の部分はボリュームがあり食べごたえがあるので、料理のかさ増しにもおすすめです。

カロリー 113kcal　塩分 3.8g　保存 4日間

CHAPTER 06 野菜大量消費レシピ

とろとろ白菜麻婆

白菜 1/4個 消費

☑ 食物繊維　☑ たんぱく質　☑ カプサイシン

【材料】（3〜4人分）
白菜 …………… 1/4個
豚ひき肉 ………… 180g
長ねぎ …………… 5cm
にんにく、しょうが
　　　　　……… 各1かけ
A みそ、みりん
　　　… 各大さじ1と1/2
　豆板醤、しょうゆ
　　　　…… 各大さじ1/2
　砂糖、
　顆粒鶏ガラスープの素
　　　　……… 各小さじ1
片栗粉 ………… 大さじ2
ごま油 …………… 適量

【作り方】
1　白菜は横に細切りにする。
2　長ねぎ、にんにく、しょうがはみじん切りにする。
3　フライパンにごま油を熱し、2を炒める。香りが立ったらひき肉も加えて中火で炒める。
4　肉の色が変わったら1を加え、ふたをして10〜15分、白菜がくったりするまで蒸し煮する。
5　ふたを取り、合わせたAを加えて混ぜる。片栗粉を同量の水で溶き、まわし入れてとろみをつける。

カロリー 737kcal　塩分 5.9g　保存 4日間

Erika's advice
白菜が余って使いきれないー！　という人はこのレシピで解決です！　最初は白菜がすごい量ですが、ふたをしてじっくり蒸し煮することでかさが減って、とろとろ&お肉のうまみを吸っておいしくなります。

ねぎすき

長ねぎ 2本 消費

☑ 硫化アリル　☑ たんぱく質　☑ β-カロテン

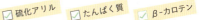

【材料】（2〜3人分）
長ねぎ …………… 2本
牛薄切り肉 ……… 250g
A しょうゆ、砂糖、酒
　　　　……… 各大さじ2
　水 …………… 150ml

【作り方】
1　長ねぎは斜め薄切りにする。
2　鍋にAと牛肉を入れ、混ぜ合わせたら火にかける。
3　煮立ったら1を加え、落としぶたをして中火で約10分煮る。

Erika's advice
長ねぎはビタミンB1の吸収を高める硫化アリルが豊富です。抗菌作用や抗酸化作用もあり、風邪の引き始めに食べるとよいといわれています。長ねぎの緑色の部分には、β-カロテンが豊富。少しかたくて苦いですが、煮れば甘くなってシャキシャキとした食感もおいしいので、ぜひ捨てずに使ってくださいね。

カロリー 910kcal　塩分 5.5g　保存 4日間

きのこのガーリックバター

☑ ビタミンD　☑ 食物繊維

【材料】（2〜3人分）
- しめじ……1パック
- しいたけ……3個
- えのきだけ……1/2袋
- にんにく……2かけ
- しょうゆ……大さじ1と1/3
- 砂糖……小さじ2
- バター……10g

【作り方】
1. しめじ、しいたけ、えのきだけは石づきを落とす。しめじはほぐし、しいたけは薄切り、えのきだけは長さを半分に切る。
2. にんにくはみじん切りにする。
3. フライパンにバターを溶かし、2を中火で炒める。香りが立ったら、1を入れて炒める。
4. きのこがしんなりとしたら、しょうゆ、砂糖を加え、汁気がなくなるまで炒める。

Erika's advice
きのこには食物繊維やビタミンDが豊富です。食物繊維は腸の調子を整える働きがあり、便秘対策に役立ちます。ビタミンDはカルシウムとともに骨を丈夫にするのに役立つ栄養素。ビタミンDは日光に当たることで体内でも合成されるので、不足しないよう1日30分程度は外に出て、太陽光を浴びたほうがいいといわれています。

カロリー 174kcal　塩分 3.7g　保存 4日間

大葉のうま塩漬け

☑ ペリルアルデヒド

【材料】（大葉10枚分）
- 大葉……10枚
- ごま油……大さじ3
- 塩……小さじ1

【作り方】
1. 大葉は洗ってキッチンペーパーで水気を拭き取る。
2. ごま油と塩は混ぜておく。
3. 保存容器に1、2を交互に入れて重ねる。一晩おいたぐらいが食べごろ。

Erika's advice
大葉に含まれるペリルアルデヒドには、抗菌・防腐作用があるため、大葉は古くから食中毒予防として刺身のつまなどに使われてきました。この「大葉のうま塩漬け」は刻んでごはんと混ぜたり、ゆでた野菜と和えるなど、お弁当作りにも活躍！　冷蔵保存で1週間ほどもつので、大葉が余ってどうしよう…というときにぜひ作ってみてくださいね。

カロリー 350kcal　塩分 5.9g　保存 6日間

CHAPTER 06 野菜大量消費レシピ

きゅうりの浅漬け

☑ カリウム　☑ ビタミンC

【材料】（きゅうり4本分）
きゅうり……… 4本
白だし……… 100mℓ
赤唐辛子(小口切り)
……………… 適量

【作り方】
1　きゅうりは長さを半分にして、蛇腹に細かく切り込みを入れる(斜めに切り込みを入れていき、裏返して同じ方向に切り込みを入れる)。
2　保存容器に白だしと水300mℓ(分量外)、赤唐辛子を入れて混ぜ、1を漬ける。

Erika's advice

きゅうりは、蛇腹に切り込みを入れると、すぐに漬かるし食感も楽しくておすすめです♡　でもちょっと面倒という人は、皮を数カ所ピーラーでむくだけでも大丈夫。その場合は半日おいてからが食べごろです。また、保存容器ではなくファスナーつき密閉袋に入れて保存してもOK。そのほうがきゅうり全体が漬かりやすいです。

カロリー 82kcal ／ 塩分 5.2g ／ 保存 5日間

鶏肉のねぎまみれ

☑ アリシン　☑ β-カロテン　☑ ビタミンC

【材料】（4人分）
細ねぎ … 1束(約100g)
鶏もも肉……… 2枚
酒……… 小さじ1
塩、こしょう … 各少々
片栗粉……… 大さじ3
A　顆粒鶏ガラスープの素、
　　レモン汁、みりん
　　……… 各小さじ2
　　しょうゆ … 小さじ1
白炒りごま……… 適量
ごま油……… 大さじ1

【作り方】
1　細ねぎは小口切りにする。
2　鶏肉は一口大に切り、酒と塩、こしょうをふり、片栗粉をまぶす。
3　フライパンにごま油を弱めの中火で熱し、2を並べ、両面をこんがり焼く。
4　肉に火が通ったら、合わせたAを加えてからめ、1を加えてさっと混ぜ、仕上げに炒りごまをふる。

Erika's advice

ねぎには、ビタミンB₁の吸収を高めるアリシンやβ-カロテンが含まれています。β-カロテンは、緑色の部分に多く含まれているため、白い部分のある長ねぎよりも細ねぎなど緑色のねぎのほうが、含有量が高いです。

カロリー 2063kcal ／ 塩分 5.0g ／ 保存 4日間

山形のだし

夏野菜いろいろたくさん消費

☑ ナスニン　☑ カリウム　☑ ムチン

【材料】（作りやすい分量）
- なす……………… 2本
- きゅうり………… 2本
- オクラ…………… 4本
- みょうが………… 2本
- 納豆昆布（がごめ昆布）
　………… 10g
- 白だし…… 大さじ3

【作り方】
1　なすときゅうりはみじん切りにして、塩小さじ1（分量外）をふり、5分ほどおく。水でさっと洗い、水気をぎゅっと絞る。
2　オクラはまな板の上で塩（分量外）をふり、手でごろごろ転がして板ずりする。沸騰した湯に入れて1分30秒ゆで、冷水にとって冷ます。ヘタを落とし、縦半分に切って端から薄く刻む。
3　みょうがは縦4等分に切り、端から薄く刻む。
4　ボウルに1、2、3と納豆昆布、白だしを入れて混ぜる。

カロリー 118kcal　塩分 7.0g　保存 5日間

Erika's advice
「だし」は山形県の郷土料理。一般的には夏野菜や香味野菜をしょうゆやみりんに漬けて作るそうですが、わが家では白だしで簡単に作っています。ごはんや冷や奴、そうめんや冷しゃぶにのせたりといろいろな食べ方ができますが、おすすめは納豆と一緒にごはんにのせる食べ方。納豆と「だし」はネバネバ同士で相性ばっちり！　たんぱく質、炭水化物、野菜をとることができるので栄養バランスも◎。

にんじんのコンビーフ炒め

にんじん2本消費

☑ β-カロテン

【材料】（2〜3人分）
- にんじん………… 2本
- コンビーフ缶詰
　……… 1缶（100g）
- 塩………………… 少々
- 粗びき黒こしょう
　………………… 適量

【作り方】
1　にんじんはせん切りにする。
2　フライパンを中火で熱し、にんじんとコンビーフを入れ、コンビーフをほぐしながら炒める。
3　塩をふって味をととのえ、仕上げに黒こしょうをたっぷりふる。

Erika's advice
仕上げのこしょうは、たっぷり断然おいしい！ ピリッとした辛さがプラスされて、お酒のおつまみにも◎。にんじんは一年中だいたい価格が安定していて、常備しておくことが多いと思います。にんじんが余ったときの「にんじん消費レシピ」としてもお役立てください。脂質が多めなコンビーフですが、脂質にはにんじんに含まれるβ-カロテンの吸収を高めてくれる働きがあります。

カロリー 320kcal　塩分 2.1g　保存 4日間

CHAPTER 06 野菜大量消費レシピ

じゃがいも 3個 消費 → 明太ポテト

☑ビタミンC　☑カルシウム

【材料】(じゃがいも3個分)
じゃがいも …… 3個
辛子明太子(皮を除く)
　…………………… 1腹
牛乳 ………… 100mℓ
バター ………… 10g

【作り方】
1　じゃがいもは皮をむき一口大に切り、ゆでる。
2　やわらかくなったらざるにあげ、鍋に戻し、マッシャーなどで潰す（裏ごしをするとよりなめらかな食感に）。
3　弱火にかけ、バターを入れて、牛乳を少しずつ加えながら混ぜる。
4　なめらかになったら辛子明太子を加え、ほぐしながら混ぜる。

Erika's advice
じゃがいもがたくさんあって困っちゃう！　というときはこれ♪　生クリーム不使用でも、クリーミーで辛さ控えめなので、子どもから大人までみんなに喜ばれるレシピです。クリーミーな食感を出すために、ぜひ、ひと手間かけて裏ごしをしていただくことをおすすめします。メイン料理のつけ合わせにしたり、パンにのせたり、サラダに添えるのもおすすめです。

カロリー 331kcal　塩分 3.7g　保存 3日間

キャベツ 1/4個 消費 → 塩もみキャベツつくね

☑食物繊維　☑ビタミンU

【材料】(2〜3人分)
キャベツ ……… 1/4個
鶏ひき肉 ……… 400g
塩 ………… 小さじ1
酒 ………… 小さじ2
サラダ油 ……… 適量

【作り方】
1　キャベツはみじん切りにして塩をふり、5分ほどおいて水気をぎゅっと絞る。
2　ボウルに1、ひき肉、酒を入れて練り混ぜ、ひと口サイズの俵形にする。
3　フライパンにサラダ油を引いて2を並べ、中火で焼く。片面に焼き色がついたら上下を返し、弱火にしてふたをし、2分ほど蒸し焼きにして中まで火を通す。

Erika's advice
キャベツの芯は甘みが多く、シャキシャキの食感がおいしさを引き立てるので、ぜひ芯ごとみじん切りにして使いましょう。キャベツは食物繊維の多い野菜なので、腸内環境を整える働きがあります。生のままだとそんなに量を食べられませんが、塩もみすることでかさが減って食べやすくなるのでおすすめです。

カロリー 838kcal　塩分 3.4g　保存 4日間

137

万能！ねぎ塩だれ

長ねぎ 1.5本消費

☑ 硫化アリル

【材料】(作りやすい分量)
長ねぎ ……… 1と1/2本
ごま油 ……… 大さじ3
塩 ……… 小さじ1と1/2

【作り方】
1　長ねぎはみじん切りにして、ごま油と塩を加えてよく混ぜる。

Erika's advice

特にコツはありません。混ぜるだけ！たれを作っておくだけで一気に料理の手間が省けてラクになります。焼いたなすや冷奴にのせるだけでも激うま必至。冷蔵庫にある食材とたれを混ぜれば一品完成するから、メニューを考えるストレスも減らせますよ！　アレンジレシピを3つ紹介しますので、ぜひ試してみてくださいね。

カロリー 383kcal ／ 塩分 8.9g ／ 保存 6日間

アレンジ1

小松菜のねぎ塩ナムル
ゆでた小松菜に混ぜるだけ！即席ナムル。

アレンジ2

ねぎ塩だれチャーハン
チャーハンの味つけに使うだけでワンランクアップのおいしさ。

アレンジ3

砂肝のねぎ塩焼き
炒めた砂肝に混ぜたら完成！おつまみに最高♡

管理栄養士の体にいいラクおかず184
野菜がおいしすぎる作りおき
Index

主菜

肉

鶏肉
- 簡単蒸し鶏 ……………………………… 29
- ささみとしらたきの塩昆布和え ……… 74
- しらたきとむね肉のバンバンジーサラダ … 73
- スタミナささみ ………………………… 35
- 手羽先と長ねぎのうま煮 ……………… 38
- 手羽先のゆずこしょう焼き …………… 38
- 手羽中キムチ …………………………… 123
- 手羽元と卵のすっぱ煮 ………………… 37
- 手羽元のポン酢煮 ……………………… 121
- 照り焼きねぎチキン …………………… 36
- 鶏とこんにゃくの煮物 ………………… 72
- 鶏となすぴーの甘酢炒め ……………… 36
- 鶏肉と里芋のコチュジャン炒め ……… 37
- 鶏肉と大根のオイスター炒め ………… 125
- 鶏肉のねぎまみれ ……………………… 135
- 鶏むね肉で簡単チャーシュー ………… 31
- 鶏むね肉とキャベツのしょうが蒸し … 35
- 鶏むね肉と小松菜の甘辛炒め ………… 28
- 鶏むね肉とれんこんのオイマヨ炒め … 33
- 鶏むね肉の梅しそ和え ………………… 22
- 鶏むね肉のタンドリーチキン ………… 32
- 鶏むね肉のチリソース ………………… 32
- 鶏むね肉のハニーマスタード焼き …… 34
- 鶏むね肉のヤンニョムチキン ………… 34
- 鶏もも肉と塩もみ大根炒め …………… 30
- のり塩チキン …………………………… 33
- もやしと砂肝のゆずこしょう炒め …… 39
- レバーのコチュジャン煮 ……………… 39
- レンジでタッカルビ …………………… 94

豚肉
- 甘辛豚こんにゃく ……………………… 47
- オクラの肉巻きゆずこしょうだれ …… 43
- かぶと豚バラの塩麹炒め ……………… 125
- キャベツと豚しゃぶのごま酢サラダ … 45
- 高野豆腐の肉巻き煮 …………………… 45
- さっぱり塩豚 …………………………… 42
- スタミナ豚キムチ ……………………… 41
- たっぷりにらの肉巻き ………………… 44
- トマトの肉巻き ………………………… 49
- 長芋の磯辺肉巻き ……………………… 100
- 豚こまときのこのゆずこしょう炒め … 49
- 豚こまと根菜のきんぴら風 …………… 48
- 豚こまとこんにゃくの辛みそ煮 ……… 46
- 豚こまのナポリタン風 ………………… 99
- 豚肉ときゅうりの梅炒め ……………… 48
- 豚肉としらたきのカリカリ炒め ……… 47
- 豚肉と新玉ねぎの塩昆布炒め ………… 46
- 豚肉とセロリの和風マリネ …………… 43
- 豚肉と豆苗の煮浸し …………………… 44
- 豚肉の香味和え ………………………… 40

牛肉
- 牛こまとにんにくの芽の甘辛炒め …… 98
- 牛しゃぶ肉と水菜のごまみそサラダ … 53
- 牛丼の素 ………………………………… 51
- 牛肉とキャベツの塩レモン炒め ……… 52
- 牛肉のしょうが煮 ……………………… 54
- 牛肉のトマト煮 ………………………… 50
- 小松菜と牛肉のオイスター炒め ……… 54
- ねぎすき ………………………………… 133

ひき肉
- えのきバーグ …………………………… 56
- 簡単☆豆腐バーグ ……………………… 58
- 簡単ミートソース ……………………… 57
- 小松菜たっぷり鶏そぼろ ……………… 59
- 塩もみキャベツつくね ………………… 137
- しそチーズつくね ……………………… 14
- スタミナ豚つくね ……………………… 59
- とろとろ白菜麻婆 ……………………… 133
- ふわふわ鶏団子 ………………………… 55
- ブロッコリーのドライカレー ………… 58
- 焼肉のたれで鶏そぼろ ………………… 124

ハム・ソーセージ
- たっぷりキャベツのキッシュ ………… 66

魚介・魚介類加工品
- 鮭ときのこのにんにくしょうゆ ……… 68
- 鮭とブロッコリーのみそマヨ炒め …… 70
- 塩さばのカレー焼き …………………… 69
- しそチーズつくね ……………………… 14
- ぶりの黒酢照り焼き …………………… 70
- めかじきとアボカドのマスマヨ和え … 71
- レモン香る☆ししゃもの南蛮漬け …… 71
- レンジで鮭のちゃんちゃん焼き風 …… 95

139

野菜

アボカド
めかじきとアボカドのマスマヨ和え ····· 71

大葉
しそチーズつくね ····· 14
鶏むね肉の梅しそ和え ····· 22

オクラ
オクラの肉巻きゆずこしょうだれ ····· 43

かぶ
かぶと豚バラの塩麹炒め ····· 125

きのこ
えのきバーグ ····· 56
簡単ミートソース ····· 57
鮭ときのこのにんにくしょうゆ ····· 68
さば缶カレー ····· 115
さば缶ときのこのトマト煮 ····· 117
たっぷりキャベツのキッシュ ····· 66
豚こまときのこのゆずこしょう炒め ····· 49

キャベツ
キャベツと豚しゃぶのごま酢サラダ ····· 45
牛肉とキャベツの塩レモン炒め ····· 52
さば缶とキャベツのレモン蒸し ····· 114
塩もみキャベツつくね ····· 137
たっぷりキャベツのキッシュ ····· 66
鶏むね肉とキャベツのしょうが蒸し ····· 35
レンジで鮭のちゃんちゃん焼き風 ····· 95

きゅうり
しらたきとむね肉のバンバンジーサラダ 73
豚肉ときゅうりの梅炒め ····· 48
豚肉の香味和え ····· 40

ゴーヤー
ゴーヤーと厚揚げのみそ炒め ····· 62

ごぼう
豚こまと根菜のきんぴら風 ····· 48
豚こまとこんにゃくの辛みそ煮 ····· 46

小松菜
小松菜たっぷり鶏そぼろ ····· 59
小松菜と牛肉のオイスター炒め ····· 54
小松菜のいわし缶和え ····· 114
鶏むね肉と小松菜の甘辛炒め ····· 28

里芋
鶏肉と里芋のコチュジャン炒め ····· 37

じゃがいも
鮭とブロッコリーのみそマヨ炒め ····· 70

春菊
春菊のさばみそ和え ····· 115

セロリ
豚肉とセロリの和風マリネ ····· 43

大根
厚揚げと大根のみそ煮込み ····· 63
さば缶と大根のゆずしょう煮 ····· 111
鶏肉と大根のオイスター炒め ····· 125
鶏もも肉と塩もみ大根炒め ····· 30

玉ねぎ
簡単☆豆腐バーグ ····· 58
簡単ミートソース ····· 57
牛丼の素 ····· 51
さば缶カレー ····· 115
さば缶の南蛮漬け ····· 112
しらたきチャプチェ ····· 75
豚こまのナポリタン風 ····· 99
豚肉と新玉ねぎの塩昆布炒め ····· 46
ブロッコリーのドライカレー ····· 58
レモン香る☆ししゃもの南蛮漬け ····· 71
レンジでタッカルビ ····· 94

豆苗
豚肉と豆苗の煮浸し ····· 44
もやしと砂肝のゆずこしょう炒め ····· 39

トマト、ミニトマト
牛肉のトマト煮 ····· 50
トマトの肉巻き ····· 49

長芋
長芋の磯辺肉巻き ····· 100

長ねぎ
ジャンだれ厚揚げ ····· 107
手羽先と長ねぎのうま煮 ····· 38
手羽元のポン酢煮 ····· 121
照り焼きねぎチキン ····· 36
鶏肉と里芋のコチュジャン炒め＊ ····· 37
とろとろ白菜麻婆 ····· 133
ねぎすき ····· 133
豚肉の香味和え ····· 40

なす
さば缶となすのみそ煮 ····· 113
鶏となすぴーの甘酢炒め ····· 36

にら
スタミナ豚キムチ ····· 41
スタミナ豚つくね ····· 59
たっぷりにらの肉巻き ····· 44

にんじん
キャベツと豚しゃぶのごま酢サラダ ····· 45
牛しゃぶ肉と水菜のごまみそサラダ ····· 53
小松菜のいわし缶和え ····· 114
さば缶カレー ····· 115
さば缶の南蛮漬け ····· 112
春菊のさばみそ和え ····· 115
しらたきチャプチェ ····· 75
豚こまと根菜のきんぴら風 ····· 48

豚肉とセロリの和風マリネ ・・・・・・・・・ 43
レモン香る☆ししゃもの南蛮漬け ・・・・・・ 71

にんにくの芽
牛こまとにんにくの芽の甘辛炒め ・・・・・・ 98
鶏肉と大根のオイスター炒め ・・・・・ 125
レンジでタッカルビ ・・・・・・・・・・・ 94

白菜
とろとろ白菜麻婆 ・・・・・・・・・・・ 133

ピーマン
さば缶とピーマンの塩昆布和え ・・・・・・ 116
さば缶の南蛮漬け ・・・・・・・・・・・ 112
しらたきチャプチェ ・・・・・・・・・・・ 75
鶏となすぴーの甘酢炒め ・・・・・・・・ 36
豚こまのナポリタン風 ・・・・・・・・・・ 99

ブロッコリー
鮭とブロッコリーのみそマヨ炒め ・・・・・ 70
ブロッコリーのドライカレー ・・・・・・・・ 58

ブロッコリースプラウト
豚肉としらたきのカリカリ炒め＊ ・・・・・・ 47

細ねぎ
厚揚げと大根のみそ煮込み＊ ・・・・・・ 63
鮭ときのこのにんにくしょうゆ＊ ・・・・・・ 68
鶏肉のねぎまみれ ・・・・・・・・・ 135
鶏むね肉とれんこんのオイマヨ炒め＊ ・・ 33
鶏むね肉のチリソース＊ ・・・・・・・・ 32
ねぎとさばみそのオープンオムレツ ・・・・ 66
レモン香る☆ししゃもの南蛮漬け＊ ・・・・ 71

水菜
牛しゃぶ肉と水菜のごまみそサラダ ・・・ 53

もやし
スタミナ豚キムチ ・・・・・・・・・・・ 41
もやしと砂肝のゆずこしょう炒め ・・・・・・ 39

れんこん
鶏むね肉とれんこんのオイマヨ炒め ・・・・ 33

卵
いわし缶ピカタ ・・・・・・・・・・・ 116
３種の半熟煮卵 ・・・・・・・・・・・ 67
たっぷりキャベツのキッシュ ・・・・・・・ 66
手羽元と卵のすっぱ煮 ・・・・・・・・・ 37
ねぎとさばみそのオープンオムレツ ・・・・ 66
半熟煮卵 ・・・・・・・・・・・・・ 67
ふわふわ鶏団子 ・・・・・・・・・・・ 55

豆腐・大豆加工品
厚揚げと大根のみそ煮込み ・・・・・・・ 63
厚揚げのほっこり煮 ・・・・・・・・・・ 63
簡単☆豆腐バーグ ・・・・・・・・・・・ 58

ゴーヤーと厚揚げのみそ炒め ・・・・・・ 62
高野豆腐の肉巻き煮 ・・・・・・・・・ 45
ジャンだれ厚揚げ ・・・・・・・・・・ 107
白だしで☆高野豆腐の煮物 ・・・・・・・ 61
豆腐そぼろ ・・・・・・・・・・・・・ 60
豆腐のしょうが焼き ・・・・・・・・・・ 62

缶詰

いわし
いわし缶そぼろ ・・・・・・・・・・・ 110
いわし缶ピカタ ・・・・・・・・・・・ 116
小松菜のいわし缶和え ・・・・・・・・ 114

コーン
鮭とブロッコリーのみそマヨ炒め ・・・・・ 70
レンジで鮭のちゃんちゃん焼き風 ・・・・ 95

さば
さば缶カレー ・・・・・・・・・・・ 115
さば缶ときのこのトマト煮 ・・・・・・・ 117
さば缶とキャベツのレモン蒸し ・・・・・ 114
さば缶と大根のゆずこしょう煮 ・・・・・ 111
さば缶となすのみそ煮 ・・・・・・・・ 113
さば缶とピーマンの塩昆布和え ・・・・・ 116
さば缶の南蛮漬け ・・・・・・・・・・ 112
春菊のさばみそ和え ・・・・・・・・・ 115
ねぎとさばみそのオープンオムレツ ・・・・ 66

ツナ
しらたきチャプチェ ・・・・・・・・・・・ 75

トマト
簡単ミートソース ・・・・・・・・・・・ 57
さば缶ときのこのトマト煮 ・・・・・・・ 117

こんにゃく・しらたき
甘辛豚こんにゃく ・・・・・・・・・・・ 47
牛丼の素 ・・・・・・・・・・・・・ 51
ささみとしらたきの塩昆布和え ・・・・・・ 74
しらたきチャプチェ ・・・・・・・・・・・ 75
しらたきとむね肉のバンバンジーサラダ ・・ 73
鶏とこんにゃくの煮物 ・・・・・・・・・ 72
豚こまとこんにゃくの辛みそ煮 ・・・・・・ 46
豚肉としらたきのカリカリ炒め ・・・・・・ 47
無限こんにゃく ・・・・・・・・・・・ 75

その他

梅干し
鶏むね肉の梅しそ和え ・・・・・・・・・ 22
豚肉ときゅうりの梅炒め ・・・・・・・・ 48

＊は薬味、あしらいで入れたものです。

141

乾物
高野豆腐の肉巻き煮 ･････････････････ 45
白だしで☆高野豆腐の煮物 ･･･････････ 61

キムチ
スタミナ豚キムチ ･････････････････ 41

塩昆布
ささみとしらたきの塩昆布和え ･････ 74
さば缶とピーマンの塩昆布和え ･････ 116
豚肉と新玉ねぎの塩昆布炒め ･･･････ 46

チーズ
いわし缶ピカタ ･･･････････････････ 116
さば缶ときのこのトマト煮 ･････････ 117
しそチーズつくね ･････････････････ 14
たっぷりキャベツのキッシュ ･･･････ 66
ねぎとさばみそのオープンオムレツ ･ 66

副菜

ハム・ソーセージ
ねぎマヨサラダ ･･･････････････････ 104

魚介・魚介類加工品
梅じゃこひじき ･･･････････････････ 124
しらたきとピーマンのたらこバター ･ 103
明太ポテト ･･･････････････････････ 137

野菜

大葉
大葉のうま塩漬け ･････････････････ 134

オクラ
オクラのおひたし ･････････････････ 20
山形のだし ･･･････････････････････ 136

かぶ
かぶの塩昆布炒め ･････････････････ 83

かぼちゃ
かぼちゃとクリームチーズのサラダ ･ 101

きのこ
エリンギメンマ ･･･････････････････ 98
きのこのガーリックバター ･････････ 134
自家製なめたけ ･･･････････････････ 91
たっぷりきのこのしょうが焼き ･････ 123
無限えのき ･･･････････････････････ 100
レンジできのこマリネ ･････････････ 97

キャベツ
キャベツのうま塩和え ･････････････ 79

無限ツナキャベツ ･････････････････ 18

きゅうり
きゅうりとしょうがのポリポリ漬け ･ 16
きゅうりの浅漬け ･････････････････ 135
切り干し大根のパリパリサラダ ･････ 102
ひじきのみそマヨサラダ ･･･････････ 101
山形のだし ･･･････････････････････ 136

ごぼう
クリームチーズのごぼうサラダ ･････ 107
無限ごぼうバター ･････････････････ 88

ししとうがらし
ししとうのオイル蒸し ･････････････ 106

じゃがいも
のり塩ポテト ･････････････････････ 85
みそじゃが ･･･････････････････････ 85
明太ポテト ･･･････････････････････ 137

セロリ
セロリの昆布茶漬け ･･･････････････ 122
無限セロリ ･･･････････････････････ 105
やみつきセロリマリネ ･････････････ 83

大根
塩もみ大根の炒めナムル ･･･････････ 128
ポリポリ大根 ･････････････････････ 132

玉ねぎ
新玉ねぎの焼き浸し ･･･････････････ 87

豆苗
しびれもやし ･････････････････････ 99

トマト、ミニトマト
トマトキムチ ･････････････････････ 80
トマトのはちみつレモン和え ･･･････ 104

長芋
長芋のわさびしょうゆ漬け ･････････ 81

長ねぎ
ねぎマヨサラダ ･･･････････････････ 104
万能！ ねぎ塩だれ ･･･････････････ 138
焼きねぎのピリ辛漬け ･････････････ 87

なす
なすとピーマンの焼き浸し ･････････ 106
なすのオイル蒸し ･････････････････ 96
ピリ辛なす炒め ･･･････････････････ 86
山形のだし ･･･････････････････････ 136

菜の花
魅惑の菜の花チーズ ･･･････････････ 90

にら
しらたきキムチ ･･･････････････････ 103

にんじん
切り干し大根のパリパリサラダ ･････ 102
クリームチーズのごぼうサラダ ･････ 107
にんじんチャンプルー ･････････････ 65
にんじんとツナのマスタードサラダ ･ 129

にんじんのコンビーフ炒め ………… 136
にんじんの塩昆布和え ………… 82

白菜
白菜の甘酢しょうが漬け ………… 89
無限白菜 ………… 132

パプリカ
パプリカのピクルス ………… 78

ピーマン
しらたきとピーマンのたらこバター ………… 103
なすとピーマンの焼き浸し ………… 106
ピーマンの辛みそ和え ………… 84
ピーマンのバターポン酢 ………… 131
まるごとピーマン煮 ………… 84

ブロッコリー
ブロッコリーと豆のマスマヨサラダ … 105
ブロッコリーの茎のザーサイ風 ……… 90
ブロッコリーの卵サラダ ………… 64
ブロッコリーのにんにく蒸し ………… 82

水菜
水菜のごま酢サラダ ………… 130

みょうが
みょうがの甘酢漬け ………… 91
山形のだし ………… 136

もやし
しびれもやし ………… 99
豆もやしのナムル ………… 86

れんこん
無限れんこんバター ………… 88
れんこんの甘酢煮 ………… 89

卵
にんじんチャンプルー ………… 65
ブロッコリーの卵サラダ ………… 64

豆腐・大豆加工品
焼肉のたれで豆腐の照り焼き ………… 120

缶詰
コーン
クリームチーズのごぼうサラダ ……… 107
ひじきのみそマヨサラダ ………… 101

コンビーフ
にんじんのコンビーフ炒め ………… 136

さば
さば缶と切り干し大根の中華サラダ … 117

ツナ
にんじんとツナのマスタードサラダ … 129

ひじきのみそマヨサラダ ………… 101
無限えのき ………… 100
無限セロリ ………… 105
無限ツナキャベツ ………… 18
無限白菜 ………… 132

ミックスビーンズ
ブロッコリーと豆のマスマヨサラダ … 105

こんにゃく・しらたき
しらたきキムチ ………… 103
しらたきとピーマンのたらこバター … 103

その他
梅干し
梅じゃこひじき ………… 124

乾物
梅じゃこひじき ………… 124
切り干し大根のパリパリサラダ ……… 102
さば缶と切り干し大根の中華サラダ … 117
ひじきのみそマヨサラダ ………… 101
山形のだし ………… 136
わかめと切り干し大根のごまマヨ和え … 102

キムチ
しらたきキムチ ………… 103

塩昆布
かぶの塩昆布炒め ………… 83
にんじんの塩昆布和え ………… 82

チーズ
かぼちゃとクリームチーズのサラダ … 101
クリームチーズのごぼうサラダ ……… 107
魅惑の菜の花チーズ ………… 90

制作スタッフ

[装丁・本文デザイン]	太田玄絵
[撮影]	福井裕子、中井エリカ
[スタイリング]	木村 遥
[イラスト]	岡田みそ
[編集長]	山口康夫
[企画・編集]	見上 愛

野菜がおいしすぎる作りおき
管理栄養士の体にいいラクおかず*184*

2019年10月1日　　初版第1刷発行
2021年6月11日　　初版第4刷発行

[著者]	中井エリカ
[発行人]	山口康夫
[発行]	株式会社エムディエヌコーポレーション
	〒101-0051　東京都千代田区神田神保町一丁目105番地
	https://books.MdN.co.jp/
[発売]	株式会社インプレス
	〒101-0051　東京都千代田区神田神保町一丁目105番地
[印刷・製本]	シナノ書籍印刷株式会社

Printed in Japan

© 2019 Erika Nakai. All rights reserved.

本書は、著作権法上の保護を受けています。著作権者および株式会社エムディ
エヌコーポレーションとの書面による事前の同意なしに、本書の一部ある
いは全部を無断で複写・複製、転記・転載することは禁止されています。

定価はカバーに表示してあります。

【カスタマーセンター】
造本には万全を期しておりますが、万一、落丁・乱丁などがございましたら、
送料小社負担にてお取り替えいたします。お手数ですが、カスタマーセンタ
ーまでご返送ください。

落丁・乱丁本などのご返送先
　　　　　〒101-0051　東京都千代田区神田神保町一丁目105番地
　　　　　株式会社エムディエヌコーポレーション　カスタマーセンター
　　　　　TEL：03-4334-2915

内容に関するお問い合わせ先
　　　　　info@MdN.co.jp

書店・販売店のご注文受付
　　　　　株式会社インプレス　受注センター
　　　　　TEL：048-449-8040／FAX：048-449-8041　　　　　978-4-8443-6892-2　C0077